Zum Tee bei der Königin

Saisonale Rezepte aus dem Buckingham Palace

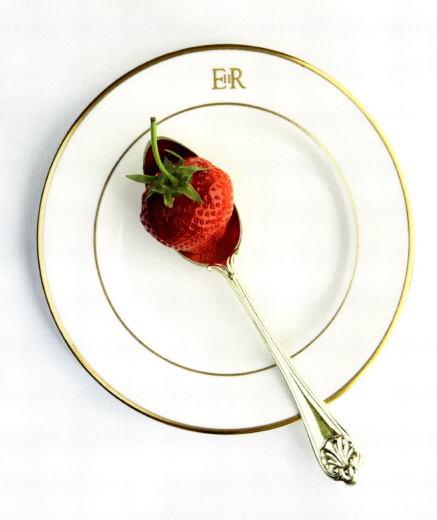

Zum Tee bei der Königin

Saisonale Rezepte aus dem Buckingham Palace

MARK FLANAGAN
UND
KATHRYN CUTHBERTSON

Inhalt

Einleitung: Die britische Teekultur
»Rezept Ihrer Majestät für Drop Scones«, von 1960

Frühling

Spargel im Schinkenmantel mit Sauce gribiche · Quiche mit Lachs, Dicken Bohnen und Estragon · Focaccia mit gegrilltem Gemüse · Rillette vom Schwein · Hot Cross Buns · Simnel Cake · Saftige Zitronenküchlein · Crème-brulée-Tarteletten mit Yorkshire-Rhabarber · Buttermilch-Blutorangen-Pannacotta

Sommer

Cocktail-Brioche mit Flusskrebs · Gegrillte Sardinen mit Salsa verde · Geräucherte Meerforellen-Päckchen · Eier-Mayonnaise auf Toastspitzen · Scones mit Erdbeermarmelade · Victoria Sponge Cake · Kirschen-Madeleines · Sommerbeeren-Tarteletten

Herbst

Wild-Pâté · Kleine Wildpasteten · Kleine Sausage Rolls · Vol-au-vents mit Waldpilzen · Kedgeree mit Schellfisch · Herbstliche Obsttarte · Karottenkuchen · Orangen-Kardamom-Shortbread · Teebrot · Quittengelee

Winter

Crumpets · Schottische Wachteleier · Traditioneller Schinken · Piccalilli · Clementinen-Macarons · Gâteau Opéra · Wintergebäck: Brandy Snaps, Sablés à la Confiture, Schokoladen-Mandel-Biscotti · Weihnachtlicher Früchtekuchen · Festliche Mince Pies · Bûche de Noël

Maße und Gewichte

Danksagung

EINLEITUNG

DIE BRITISCHE TEEKULTUR

»Es gibt wenige Stunden im Leben, die
angenehmer sind als jene, die der Zeremonie,
die man *Afternoon Tea* nennt, gewidmet sind.«

Henry James, *Bildnis einer Dame*, 1881

Ob Picknick im Frühling oder »High Tea« an Herbstnachmittagen – eine Tasse Tee gehört zur britischen Esskultur einfach dazu. Darüber hinaus ist die Teezeit aber auch eng mit der höfischen Tradition verbunden: Die Frau, der man die Erfindung des »Nachmittagstees« zuschreibt, war Anna Maria Russell, Herzogin von Bedford (1783–1857), die Königin Viktoria zwischen 1837 und 1841 als Hofdame diente. Mitte der 1840er-Jahre war es in aristokratischen Kreisen üblich, das Abendessen zu späterer Stunde einzunehmen. Der mittägliche Lunch war meist sehr leicht und man musste die langen Stunden bis zum Abend ausharren, bevor das Dinner serviert wurde. Während eines Besuchs des 5. Herzogs von Rutland führte die Herzogin für ihn und seine Entourage kurzerhand den Nachmittagstee ein. Diese Idee erlangte in den Haushalten aller gesellschaftlichen Schichten rasch große Beliebtheit. Als die berühmte Kochbuchautorin Isabella Beeton 1861 ihr »Book of Household Management« veröffentlichte, fand sich darin bereits eine ausführliche Liste an Rezepten für den Nachmittagstee, für den Tee im Familienkreis (Family Tea) sowie für den Tee zu Hause (At-Home Tea).

Der Tee als Getränk etablierte sich in England im 17. Jahrhundert über die Londoner Kaffeehäuser. Samuel Pepys trank ihn erstmals bereits im Jahr 1660. Katharina von Braganza, die portugiesische Gemahlin von König Karl II., brachte den Brauch des Teetrinkens vom Hof in Lissabon mit, wodurch der Tee noch größere Bekanntheit erfuhr. In Europa trank man zu dieser Zeit vor allem Tee aus China – und zwar ohne Milch und meist aus der Untertasse, seltener aus Teetassen oder -schalen. Erst im 19. Jahrhundert gelang es den Briten, Teepflanzen auf großen Anbauflächen im indischen Assam zu kultivieren. Und so wurde der günstigere und kräftigere indische Tee in Großbritannien zu einem regelrechten Grundnahrungsmittel. Schon früh begann man, zum Tee Speisen zu servieren, die auch heute noch typisch für eine Teemahlzeit sind.

Viele der heute beliebtesten Teespeisen reichen bis ins 19. Jahrhundert zurück. So stammt beispielsweise das älteste bekannte Rezept für Karottenkuchen aus einem Schweizer Kochbuch aus dem Jahr

Rechts: Eine österliche Teetafel mit Frühlingsblumen, Simnel Cake und Hot Cross Buns

Oben: Erfrischende Limonaden im Sommerhaus des Buckingham Palace und ein Picknick im Garten (Rezept auf Seite 21)
Gegenüberliegende Seite: Zwei Seiten aus Mildred Nicholls' »Recipe Book«, das im Königlichen Archiv von Windsor Castle aufbewahrt wird

1892. Und Kedgeree, ursprünglich ein Frühstücksgericht, geht auf die Küchentraditionen Britisch-Indiens zurück. Der Victoria Sponge Cake verdankt seinen Namen bekanntermaßen Königin Viktoria. Hingegen blieben alle Versuche, die »Madeleine« auf eine Erfinderin gleichen Namens zurückzuführen, bislang ergebnislos – auch wenn man heute weiß, dass sich das Gebäck Mitte des 18. Jahrhunderts in Frankreich großer Beliebtheit erfreute. Das erste gedruckte Rezept für Shortbread tauchte ungefähr zur gleichen Zeit in Schottland auf.

Manche Rezepte sind sogar noch weitaus älter. So wurden Drop Scones und Crumpets beispielsweise bereits im Mittelalter verzehrt, und sicherlich wischte man sich dabei schon damals die Butter vom Kinn. Ende des 14. Jahrhunderts brachten die Ritter von ihren Kreuzzügen das Rezept für Mince Pies mit. Das süße Weihnachtsgebäck hatte ursprünglich eine mediterrane Füllung aus Hackfleisch, Früchten und Gewürzen. Eine ähnlich lange Geschichte hat der Simnel Cake, während die ersten Rezepte für Crème brûlée, eine flambierte Creme, bis zur Mitte des 17. Jahrhunderts zurückdatiert werden können.

Es überrascht nicht, dass auch heute noch auf königlichen Gartenfesten rund um den Buckingham Palace die »Teatime-Klassiker« gereicht werden: delikate Gurken-Sandwiches, exquisite Miniaturkuchen sowie Feingebäck – und natürlich Tee. Bereits unter der Regentschaft Königin Viktorias wurden die Gartenfeste – nach den Feiern zu ihrem goldenen und dann zu ihrem diamantenen Thronjubiläum –

zu einer wahren Institution. Heute besuchen jährlich über 30.000 Gäste die Gartenfeste und nehmen dabei 27.000 Tassen Tee, 20.000 Sandwiches und circa 20.000 Stücke Kuchen und Gebäck zu sich.

An unseren Vorlieben, die Teezeit betreffend, hat sich seit gut hundert Jahren nicht viel verändert. So ist in der Königlichen Bibliothek von Windsor Castle neben vielen anderen Kostbarkeiten auch ein handgeschriebenes Rezeptbuch von Miss Mildred Nicholls erhalten, die dem Königlichen Haushalt ab 1908 als »Siebtes Küchenmädchen« diente. Sie notierte gewissenhaft die Rezepte einiger Speisen, bei deren Zubereitung sie half, bis sie 1919 die königliche Küche verließ, um zu heiraten. Viele dieser Rezepte wie das »Rezept Ihrer Majestät für Bath Buns« würden sich auch für eine moderne Teetafel noch gut eignen.

Bei der Teezeit regiert auch heute noch das Motto »herzhaft vor süß«, und die leichteren Speisen werden stets vor den üppigeren verzehrt. Auf einer perfekten Teetafel findet man all dies jedoch stets kombiniert. In der kalten Jahreszeit, wenn man etwas Gehaltvolleres benötigt und allein schon der Gedanke an die Teezeit die Lust auf knusprige heiße Crumpets, reichlich mit Butter bestrichen und mit aromatischem Quittengelee belegt, weckt, werden Kuchen und Gebäck gerne schon einmal durch Würstchen

ZUM TEE BEI DER KÖNIGIN

Gegenüberliegende Seite: Spargel im Schinkenmantel (Rezept auf Seite 18)

im Schlafrock, Pasteten und manchmal auch gebackenen Schinken ergänzt. Eine solch üppige Teemahlzeit wird oft auch als »High Tea« bezeichnet.

Die Vorstellung von einem anständigen »Afternoon Tea« hat sowohl etwas Traditionelles als auch etwas wunderbar Nostalgisches. Vielleicht ist unsere Vorliebe für diese Tradition in unseren Kindheitserinnerungen begründet. So hat in der einen oder anderen Spielzeugkiste vielleicht noch ein bruchsicheres Kinderteeservice die Zeit überdauert, und so manche Lieblingspuppe und manch heiß geliebter Teddybär werden, wenn sie brav waren, zum Tee geladen. Dazu werden Leckereien in Miniportionen wie Sandwiches und Würstchen im Blätterteig, feines Gebäck und Kuchenstückchen serviert. Zubereitet für kleine Kinderhände, haben sie sich auch noch in der erwachsenen und gehobeneren Variante ihren Charme bewahrt. Silberne Kuchengabeln und zarte Zierdeckchen, hübsche Dessertteller und bestickte Tischdecken scheinen von einer Welt zu erzählen, in der alles noch gemächlicher und weniger kompliziert vonstattenging. Zum Teetrinken sollte man sich daher stets ausreichend Zeit nehmen.

Die Renaissance der Teestunde geht zweifellos mit dem wiedererwachten Interesse an der Backkunst einher. Sieben und Seihen, Kneten und Walken sind Handfertigkeiten, die jeder Koch und jede Köchin wieder beherrschen möchte. Und statt zur allerneuesten Hightech-Küchenmaschine zum Hacken und Hobeln greifen wir in der Küche heutzutage wieder vermehrt zu Rührschüssel und Nudelholz.

Die Rezepte in diesem Buch sind so ausgewählt, dass sie jedem gelingen, ob man nun über mehr oder weniger Kocherfahrung verfügt. Denn ein »Afternoon Tea« sollte stets entspannt und angenehm verlaufen. Oder, wie Emily Post, eine Autorität in Sachen Benehmen und gesellschaftlicher und häuslicher Etikette, es im Jahre 1922 ausdrückte: »Mag auch die Teezeit eine formale Angelegenheit sein, so ist sie doch auch herzlich und einladend.« Die Rezepte in diesem Buch beinhalten die besten britischen Sommerprodukte wie Beeren und Marmelade und winterliche Zutaten aus dem Wald und vom Feld, die uns Wärme und Wohlbefinden vermitteln. Im Buckingham Palace sorgt man vornehmlich mit saisonalen Lebensmitteln für das leibliche Wohl. Daher sind die Rezepte in diesem Buch nach Jahreszeiten gegliedert. Und um es nochmals mit den Worten Emily Posts auszudrücken: »Die Auswahl der Speisen für den Nachmittagstee ist reine Geschmackssache.« Anders gesagt: Unter den traditionellen Rezepten, die oftmals von Generation zu Generation und von Teetafel zu Teetafel weitergegeben werden, haben wir alle unsere persönlichen Vorlieben. Ein gutes Beispiel ist das »Rezept Ihrer Majestät für Drop Scones« aus der Königlichen Küche von vor 50 Jahren, das der Überlieferung nach von Königin Elisabeth II. an Präsident Eisenhower weitergegeben wurde. Das Rezept finden Sie auf Seite 14.

Die britische Tradition des Nachmittagstees hat über die Grenzen des Königreichs hinaus weltweit in Küchen Einzug gehalten, die Zutaten und Maßeinheiten variieren jedoch von Land zu Land. Die Rezepte in diesem Kochbuch entstammen originalgetreu den Küchen des Buckingham Palace. Damit sich die Speisen auch hierzulande problemlos nachkochen lassen, hat Mark Flanagan, Königlicher Küchenchef, eine Auswahl an Rezepten getroffen, deren Zutaten leicht erhältlich sind.

Rezept Ihrer Majestät für Drop Scones, von 1960

Kleine Pfannkuchen, die häufig in einer speziellen Pfanne gebacken werden, findet man in fast allen Küchen der Welt. Drop Scones, auch »Schottische Pfannkuchen« genannt, ähneln sehr den amerikanischen Frühstücks-Pancakes. Serviert werden sie mit zerlassener Butter, mit Marmelade bestrichen oder mit Ahornsirup – alle Variationen sind einfach köstlich!

240 g Mehl
5 Teelöffel Backpulver
2 Esslöffel feiner Rohzucker
250 ml Vollmilch
1 Ei (aus Freilandhaltung)
1 Teelöffel Butter, zerlassen, plus
100 g geklärte Butter für die Pfanne

Zubehör:
Pancake-Pfanne oder
beschichtete Pfanne

1 Mehl, Backpulver und Zucker in eine Rührschüssel sieben. Die Milch, das Ei und zum Schluss die zerlassene Butter hinzufügen und alles zu einem glatten Teig verrühren. Den Teig zum Entfernen etwaiger Klümpchen durch ein Sieb streichen. Bei Bedarf mit etwas Milch verdünnen. Der Teig sollte eine zähflüssige Konsistenz haben, aber noch dick genug sein, um in der Pfanne die Form zu behalten.

2 Eine Pancake-Pfanne (oder eine beschichtete Pfanne) bei mittlerer Hitze heiß werden lassen und mit geklärter Butter einfetten. Den Teig portionsweise mit einer kleinen Schöpfkelle vorsichtig in die Pfanne geben. Von einer Seite goldbraun ausbacken, mit einem Palettenmesser wenden und die andere Seite backen. Wenn Sie etwas mehr Übung haben, können Sie auch mehrere Scones gleichzeitig zubereiten. Achten Sie jedoch darauf, dass sie nicht zu braun werden.

3 Noch warm servieren. Dazu passen etwas Butter und selbst gemachte Konfitüre.

FRÜHLING

Spargel im Schinkenmantel mit Sauce gribiche

Die königlichen Küchen verwenden vorzugsweise naturbelassene, regionale Zutaten und kreieren ihre Menüs nach dem saisonalen Angebot. Im Frühling gehört dazu junger grüner Spargel, begleitet von einer einfachen Sauce, die das feine Aroma der erlesenen, delikaten Spargelstangen unterstreicht.

20 mittelgroße bis große Stangen grüner Spargel
Salz
5 Scheiben Weißbrot, entrindet
50 g weiche Butter
80 g luftgetrockneter Schinken in Scheiben
200 ml Sauce gribiche

1 Den Spargel von kleinen Blättchen befreien und die holzigen Enden abschneiden. Einen Topf mit ausreichend Salzwasser zum Kochen bringen. Die Spargelstangen vorsichtig hineingeben, das Wasser aufkochen und 3 bis 4 Minuten köcheln lassen, bis der Spargel bissfest gegart ist. Spargel aus dem Wasser heben, in Eiswasser abschrecken und auf einem sauberen Küchentuch abtropfen lassen.

2 Brotscheiben mit Butter bestreichen und halbieren. Hälfte des Spargels am unteren Ende mit je 1 Brotscheibe umwickeln. Übrigen Spargel nicht zu dick mit Schinken umwickeln, damit er sich noch gut durchbeißen lässt.

3 Sauce gribiche dazu reichen.

Sauce gribiche

4 hart gekochte Eigelb und
2 hart gekochte Eiweiß, gehackt
(beides aus Freilandhaltung)
1 Teelöffel Dijon-Senf, Salz
frisch gemahlener Pfeffer
250 ml Erdnuss- oder Sonnenblumenöl
1 Esslöffel Weißweinessig
2 Esslöffel Kapern, abgetropft und gehackt
2 Esslöffel Cornichons, fein gehackt
2 Esslöffel frische Kräuter, gehackt
(z. B. Schnittlauch, Estragon, Petersilie)

1 Eigelbe, Senf, Salz und Pfeffer in einen Mörser geben und mit einem Stößel zu einer glatten Paste vermischen. Das Öl dazugießen und alles vermengen, sodass sich das Öl vollständig mit der Paste verbindet. Den Essig auf dieselbe Weise hinzufügen. Die übrigen Zutaten dazugeben und alles mit einem Löffel vermischen. Mit Salz und Pfeffer abschmecken und servieren. Sauce gribiche können Sie auch einfach zu gekochtem Spargel servieren (siehe Foto).

Quiche mit Lachs, Dicken Bohnen und Estragon

Diese Quiche mit einem knusprigen, leichten Boden vereint die Aromen von zartem Lachs, Dicken Bohnen der Saison und frischem Estragon. Sie schmeckt heiß oder kalt mit grünem Salat und gekochten jungen Kartoffeln und eignet sich hervorragend für ein leichtes Mittagessen oder ein Picknick am Nachmittag.

Für 4–6 Personen

Für den Teig:
125 g Mehl plus
Mehl für die Arbeitsfläche
1 Prise Salz
25 g kalte Butter, gewürfelt
25 g Schweineschmalz
2 Esslöffel Milch
getrocknete Erbsen oder
Bohnen zum Blindbacken

Für die Füllung:
75 ml Milch, 75 g Crème double
2 mittelgroße Eier
(aus Freilandhaltung)
1 Esslöffel frischer Estragon, gehackt
Salz, frisch gemahlener Pfeffer
50 g Cheddar, gerieben
100 g pochierter Lachs, zerpflückt
60 g Dicke Bohnen, gekocht und
enthäutet, oder Sojabohnen

Zubehör:
Springform (20 cm Durchmesser)

1 Für den Teig Mehl und Salz in eine Schüssel sieben, Butter und Schmalz dazugeben und die Mischung mit den Fingerspitzen zerbröseln. Die Milch nach und nach beigeben und alles zu einem glatten Teig verarbeiten. Abgedeckt im Kühlschrank 30 bis 45 Minuten ruhen lassen.

2 Teig auf einer leicht bemehlten Arbeitsfläche etwa 0,5 Zentimeter dick kreisförmig ausrollen. Der Durchmesser des Teigs sollte etwas größer als die Form sein. Form mit Teig auskleiden und einen Rand hochziehen. Darauf achten, dass keine Risse entstehen, damit die Füllung beim Backen nicht austritt. Abgedeckt weitere 30 Minuten in den Kühlschrank stellen.

3 Backofen auf 190 °C vorheizen.

4 Teigboden mit Backpapier und getrockneten Erbsen oder Bohnen belegen und etwa 15 Minuten im vorgeheizten Backofen blindbacken. Aus dem Ofen nehmen und Erbsen oder Bohnen sowie Backpapier entfernen.

5 Backofentemperatur auf 150 °C reduzieren.

6 Für die Füllung Milch, Crème double, Eier, Estragon und Gewürze verschlagen. Hälfte des Käses auf dem Teig verteilen, mit Lachs und Bohnen belegen. Mit Ei-Mischung übergießen. Wenn nötig, Füllung vorsichtig umrühren, sodass der Teig gleichmäßig bedeckt ist. Darauf achten, dass der Teig nicht reißt. Restlichen Käse über die Füllung streuen. Quiche 20 bis 25 Minuten backen, bis die Füllung stockt und goldbraun ist.

Focaccia mit gegrilltem Gemüse

1 rundes Focacciabrot (500 g, ca. 20 cm Durchmesser)
3 rote Paprikaschoten
3 gelbe Paprikaschoten
5 Esslöffel Olivenöl
1 Knoblauchzehe, zerdrückt
2 große Prisen Meersalz
frisch gemahlener Pfeffer
1 Aubergine, 4 Zucchini
4 große, reife Strauch- oder Flaschentomaten
3 Teelöffel Sherry-Essig
3–4 Esslöffel fertiges Pesto
½ Bund Basilikumblätter, grob gezupft

1 Einen Elektro- oder Holzkohlengrill vorheizen (wir empfehlen den Holzkohlengrill, da dieser das Gemüse aromatischer macht). Paprikaschoten auf dem Grillrost grillen, bis die Haut dunkle Blasen wirft. Die Schoten vom Grill nehmen und in einen Frischhaltebeutel legen (so lässt sich die Haut später leichter abziehen).

2 Hälfte des Olivenöls, zerdrückten Knoblauch, Salz und Pfeffer zu einer Marinade vermischen. Zucchini und Aubergine waschen, trocken tupfen und längs in 0,5–0,75 Zentimeter dicke Scheiben schneiden. Gut mit der Marinade vermischen, sodass diese gut verteilt ist. Den Knoblauch entfernen. Auberginen- und Zucchinischeiben auf dem Grill bissfest grillen und in eine Schüssel geben.

3 Tomaten 10 Sekunden mit kochendem Wasser überbrühen und kalt abschrecken. Die Haut lässt sich nun leicht abziehen. Fruchtfleisch in 1 Zentimeter dicke Stücke schneiden und mit Zucchini und Aubergine in die Schüssel geben. Von den gegrillten Paprikaschoten die Haut abziehen (sie sollte sich leicht entfernen lassen), das Kerngehäuse herausnehmen und das Fruchtfleisch in lange Streifen schneiden. Zum restlichen Gemüse geben. Restliches Olivenöl, Sherry-Essig, Pesto und Basilikum vermischen und über das Gemüse geben. Das Gemüse vorsichtig in der Marinade wenden, ohne es zu zerdrücken, und mit Salz und Pfeffer abschmecken.

4 An der Oberseite der Focaccia einen ca. 2 Zentimeter hohen Deckel abschneiden. Mit einem kleinen Messer an der Innenseite des Laibs etwa 1 Zentimeter von der Kruste entfernt entlangschneiden. Mitte des Laibs vorsichtig aushöhlen, sodass ein 1–2 Zentimeter dicker Rand an der Unterseite stehen bleibt. Hohlraum vorsichtig mit dem gegrillten Gemüse füllen. Brotdeckel auflegen und Focaccia fest in Frischhaltefolie wickeln. Über Nacht im Kühlschrank aufbewahren. Vor dem Servieren in Dreiecke schneiden.

Rillette vom Schwein

Eine Rillette sollte nicht so glatt und fein sein wie eine Pastete. Achten Sie also darauf, dass die Fleischstücke beim Verarbeiten ganz bleiben. Die Rillette schmeckt köstlich auf gegrilltem oder getoastetem Baguette mit Cornichons. Dazu passt ein guter trockener Weißwein.

1,2 kg Schweinebauch, in 2 cm große Würfel geschnitten
500 g Schweinerückenspeck, in 2 cm große Würfel geschnitten
1 kräftige Prise Meersalz
½ frisch geriebene, kleine Muskatnuss
Butter für den Topf
3 Lorbeerblätter
3 Knoblauchzehen, geschält
½ Bund Thymian
1 große Karotte, geschält und der Länge nach halbiert
1 große Zwiebel, geviertelt
1 große Stange Sellerie, in grobe Stücke geschnitten
200 ml Weißwein

1 Schweinebauch und Speck mit den Gewürzen vermischen und über Nacht in den Kühlschrank stellen.

2 Backofen auf 145 °C vorheizen.

3 Fleisch, Gewürze, Kräuter, Gemüse und Wein in einen gefetteten schweren, ofenfesten Topf geben. Mit Wasser bedecken und zum Köcheln bringen. Topf mit einem Deckel oder Alufolie abdecken und alles etwa 3 Stunden im vorgeheizten Ofen schmoren, bis das Fleisch zart ist und beim Einstechen mit einer Gabel zerfällt. Herausnehmen und 20 bis 30 Minuten abkühlen lassen, oder bis alles kühl genug für die Weiterverarbeitung ist.

4 Flüssigkeit vorsichtig durch ein Sieb in eine große Schüssel abseihen. Lorbeer und Thymian entfernen. Zwiebel, Sellerie und Karotte herausnehmen und beiseitestellen (falls sie der Rillette beigemischt werden sollen). Fetthaltige Flüssigkeit vorsichtig durch ein Sieb in einen Krug filtern. Fleischsaft und restliche Rückstände in der Schüssel belassen. Fleisch und Speck in eine Schüssel geben und alles mit sauberen Händen zu einer Paste verarbeiten. Dabei langsam so viel von der fetthaltigen Flüssigkeit mitverarbeiten, bis eine glänzende, grobe Fleischpastete entsteht. Nach Belieben etwas vom zuvor klein geschnittenen Gemüse hinzufügen. (Beachten Sie, dass sich dadurch die Haltbarkeit der Rillette verkürzt.) Die Rillette in ein Steingutgefäß oder ein Einmachglas füllen und gut andrücken. Zum Versiegeln das Gefäß mit dem Bratenfett aus dem Krug etwa 0,5 Zentimeter hoch auffüllen und gut verschließen. Mindestens 2 bis 3 Tage im Kühlschrank durchziehen lassen. Gut verschlossen und ohne Zugabe von Gemüse ist die Rillette einige Wochen im Kühlschrank haltbar.

Hot Cross Buns

Zum Ostertee werden traditionell leckere, würzige Hot Cross Buns und ein Stück reichhaltiger Früchtekuchen serviert. Die Hot Cross Buns isst man üblicherweise am Karfreitag. Sie sollen erstmals im 14. Jahrhundert von einem Mönch der St. Albans Abbey gebacken worden sein, um sie unter den Armen zu verteilen.

25 g frische Hefe
130 ml lauwarmes Wasser
375 g Mehl (Type 550)
plus Mehl für die Arbeitsfläche
1 gute Prise Salz
2 Esslöffel feiner Rohzucker
2 Teelöffel Mixed-Spice-Gewürzmischung (besteht aus gemahlenem Koriander, Zimt, Piment, Muskatnuss, Ingwer, Nelken)
60 g kalte Butter, gewürfelt
1½ Eier (aus Freilandhaltung)
1 Esslöffel Zitronat
1 Esslöffel Orangeat
2 Esslöffel Sultaninen
2 Esslöffel Rosinen

Für die Spritzglasur:
4 Esslöffel Mehl
1 Esslöffel feiner Rohzucker
1 Esslöffel kaltes Wasser

Für den Zuckersirup:
100 ml Wasser
200 g feiner Rohzucker

Zubehör:
Spritzbeutel

1 Die Hefe im lauwarmen Wasser auflösen. Mehl, Salz, Zucker und Gewürzmischung in eine große Rührschüssel sieben. Die Butterwürfel zugeben und alles mit den Fingerspitzen vermischen, bis die Butter vollständig mit der Mehlmischung vermengt ist.

2 In der Mitte der Mischung eine Mulde formen. Eier und aufgelöste Hefe in einer kleinen Schüssel gut mischen und in die Vertiefung geben. Alles zu einem glatten, geschmeidigen Teig verkneten.

3 Den Teig auf eine leicht bemehlte Arbeitsfläche geben und Zitronat, Orangeat, Sultaninen sowie Rosinen vorsichtig in den Teig mengen. Den Teig weitere 5 Minuten kneten, bis er weich und elastisch ist.

4 Zu einer Kugel formen und in eine saubere Rührschüssel geben. Mit Frischhaltefolie oder einem sauberen, feuchten Geschirrtuch abdecken und etwa 1 Stunde an einem warmen Ort gehen lassen, bis sich das Volumen verdoppelt hat.

5 Den Teig, sobald er aufgegangen ist, abschlagen. Auf einer leicht bemehlten Arbeitsfläche die Luftbläschen aus dem Teig herauskneten und den Teig in 15 gleich große Portionen teilen. Jede Portion sollte ca. 50 Gramm wiegen.

Fortsetzung auf der folgenden Seite

Hot Cross Buns *Fortsetzung*

6 Die Teigportionen jeweils zu Kugeln formen und auf ein mit Backpapier belegtes Blech legen. Da die Brötchen nochmals aufgehen, dazwischen ausreichend Abstand lassen. Mit einem sauberen Geschirrtuch abdecken und an einem warmen Ort um das doppelte Volumen aufgehen lassen. Je nach Temperatur kann dies 30 bis 45 Minuten dauern.

7 Backofen auf 220 °C vorheizen.

8 Die Zutaten für die Spritzmasse miteinander verrühren. Sie sollte eine zähflüssige Konsistenz haben. Die Glasur in einen Spritzbeutel füllen und die Brötchen mit Kreuzen verzieren. Die Brötchen im Backofen auf der mittleren Schiene 8 bis 12 Minuten backen, bis sie leicht goldbraun sind. Inzwischen Zucker und Wasser zusammen aufkochen lassen und zu einem Sirup einkochen. Die Brötchen aus dem Ofen nehmen und sofort mit dem warmen Zuckersirup bestreichen. Auf einem Kuchengitter abkühlen lassen.

Gegenüberliegende Seite:
Simnel Cake
(Rezept auf Seite 30)

Simnel Cake

175 g weiche Butter plus
Butter für die Form
500 g Marzipanrohmasse
(für 11 Kugeln von je ca. 8 g,
ca. 190 g für die mittlere Platte,
220 g für die obere Platte)
175 g Muscovado-Zucker
oder Rohrohrzucker
abgeriebene Schale von
1 unbehandelten Zitrone
3 Eier (aus Freilandhaltung), verquirlt
1 Teelöffel Mixed-Spice-
Gewürzmischung (besteht aus
gemahlenem Koriander, Zimt,
Piment, Muskatnuss, Ingwer, Nelken)
170 g Mehl
5 g Backpulver
1 Prise Salz
abgeriebene Schale von
1 unbehandelten Orange
175 g Sultaninen
1 Esslöffel Zitronat
1 Esslöffel Orangeat
90 g kandierte Kirschen, halbiert
45 g Korinthen
45 g Rosinen
2 Esslöffel Aprikosenmarmelade

Zubehör:
Springform (18 cm Durchmesser)
Geschenkband zum Dekorieren

1 Boden einer Springform mit Backpapier auslegen und den Rand einfetten. Auf ein flaches, schweres Backblech setzen und beiseitestellen.

2 190 Gramm Marzipanmasse zu einer kreisförmigen Platte von 17 Zentimetern Durchmesser ausrollen (etwas kleiner als der Boden der Springform). Mit Frischhaltefolie abdecken und beiseitestellen.

3 Backofen auf 150 °C vorheizen.

4 Butter, Zucker und Zitronenschale schaumig schlagen. Die verquirlten Eier nach und nach unterrühren. Falls sich die Mischung nicht verbindet, etwas gesiebtes Mehl hinzufügen. Wenn die Eier vollständig eingearbeitet sind, die restlichen trockenen Zutaten vorsichtig und gleichmäßig unterheben.

5 Die Hälfte des Teigs in die vorbereitete Form füllen und glatt streichen. Die Marzipanplatte (17 cm) behutsam auf die Kuchenmischung setzen. Den restlichen Teig darauf verteilen und glatt streichen.

6 Im vorgeheizten Backofen etwa 2 Stunden backen, bis der Kuchen goldbraun ist und auf leichten Druck nicht nachgibt. Falls der Kuchen zu schnell zu bräunen beginnt, rasch mit einem Stück Backpapier abdecken. Nach Ende der Backzeit aus dem Ofen nehmen und abkühlen lassen. Aus der Form lösen, Backpapier entfernen und Kuchen vollständig auskühlen lassen.

Den Simnel Cake dekorieren:

7 Die Aprikosenmarmelade erwärmen und Oberseite des Kuchens damit bestreichen. 220 Gramm Marzipanrohmasse zu einer kreisförmigen Platte mit einem Durchmesser von 18 Zentimetern ausrollen (Springformboden als Schablone verwenden). Die Marzipanplatte oben auf den Kuchen setzen. Restliches Marzipan zu 11 gleich großen Kugeln von je 8 Gramm formen (sie stehen zu Ostern für die elf Apostel). Die Kugeln gleichmäßig am Rand entlang auf der Kuchenoberseite verteilen und mit Aprikosenmarmelade festkleben.

8 Zum Schluss den Kuchen nach Belieben 1 bis 2 Minuten unter dem vorgeheizten Backofengrill oder mit einem Flambierbrenner bräunen. Auf einem Tortenständer anrichten, mit einer hübschen Schleife verzieren und genießen.

Saftige Zitronenküchlein

170 g weiche Butter
2 Eier (aus Freilandhaltung)
170 g feiner Rohzucker
1 Prise Salz
5 g Backpulver
170 g Mehl
Saft und abgeriebene Schale von 2 unbehandelten Zitronen
90 g Puderzucker, gesiebt

Zubehör:
4 Mini-Kastenbackformen aus Papier (17,5 x 7 x 5 cm)

1 Backofen auf 170 °C vorheizen.

2 Die Backformen auf ein flaches, schweres Backblech setzen und bis zur Verwendung beiseitestellen.

3 Die Butter in die Rührschüssel einer Küchenmaschine mit Rührbesen geben. Die restlichen Zutaten bis auf Zitronensaft und Puderzucker hinzufügen. Das Ganze 3 Minuten auf Stufe 2 mischen, bis sich alle Zutaten zu einem luftigen Teig verbunden haben. Den Teig gleichmäßig auf die Backformen verteilen.

4 Im vorgeheizten Backofen auf der mittleren Schiene etwa 15 Minuten backen. Der Teig sollte goldbraun sein und nach Fingerdruck wieder zurückfedern. Herausnehmen und abkühlen lassen.

Für den Guss:

5 Zitronensaft und -schale sowie gesiebten Puderzucker in einem Stieltopf einige Minuten leicht köcheln lassen, bis die Mischung durchsichtig wird. Die Zitronenküchlein aus den Formen lösen. Großzügig mit dem Guss bestreichen, sie sollten gleichmäßig mit Flüssigkeit durchtränkt sein.

Crème-brûlée-Tarteletten mit Yorkshire-Rhabarber (Rezept auf Seite 36)

Crème-brûlée-Tarteletten mit Yorkshire-Rhabarber

Der Rhabarber des Vorfrühlings ist eine große Delikatesse. In England kommt der beste aus Yorkshire. Man erhält ihn von Januar bis März. Die Zubereitung der Tarteletten braucht etwas Zeit, ist jedoch sehr lohnenswert. Der süße Teig lässt sich auch für andere Backwaren verwenden. Mit etwas Übung wird Ihnen die Zubereitung immer leichter gelingen. Das Rezept reicht für sechs Tarteletten.

Für den süßen Teig:
300 g Mehl plus Mehl für die Arbeitsfläche
90 g Puderzucker
210 g kalte Butter, gewürfelt, plus Butter für die Förmchen
1 Eigelb (aus Freilandhaltung)
30 ml kaltes Wasser
getrocknete Erbsen oder Bohnen zum Blindbacken

Für die Crème brûlée:
500 g Crème double, ausgekratztes Mark von ½ Vanilleschote
1 Ei und 4 Eigelb (aus Freilandhaltung)
110 g feiner Rohzucker

Für den Rhabarber:
3 Stangen vorgetriebener Rhabarber (von Januar bis März erhältlich)
100 g feiner Rohzucker

150 g weiße Schokolade
200 g Demerara-Zucker oder brauner Rohrohrzucker

Für den süßen Teig:

1 Mehl, Puderzucker und Butter in eine Rührschüssel geben und alles behutsam zu einem krümeligen Teig verkneten, bis die Butter vollständig eingearbeitet ist. In einer weiteren Schüssel Eigelb und kaltes Wasser verquirlen. Die Flüssigkeit vorsichtig in den krümeligen Teig mischen, bis sich der Teig zu einer Kugel formen lässt. In Frischhaltefolie einwickeln und mindestens 1 Stunde im Kühlschrank ruhen lassen.

Für die Crème brûlée:

2 Backofen auf 120 °C vorheizen.

3 Crème double und Vanillemark in einem Stieltopf langsam erhitzen. Ganzes Ei, Eigelbe und Zucker in einer Schüssel verquirlen. Erwärmte Crème double untermengen. Die Creme durch ein Sieb in einen Messbecher streichen und dann in eine flache, ofenfeste Form füllen.

4 Ein tiefes Backblech mit Wasser füllen. Die Form hineinstellen, das Blech vorsichtig in den Ofen schieben und die Creme in etwa 25 Minuten stocken lassen. Beim Schütteln der Form sollte die Creme fest aussehen. Aus dem Ofen nehmen, abkühlen lassen und in den Kühlschrank stellen.

Für die Tarteletten:

5 Backofen auf 170 °C vorheizen. Die Förmchen ausbuttern.

6 Den Teig auf einer leicht bemehlten Arbeitsfläche 2 Millimeter dick ausrollen. Auf ein Backblech legen und erneut in den Kühlschrank stellen. (Dies bewirkt, dass er sich während des Backens nicht zusammenzieht und man später schöne, gleichmäßig geformte Tarteletten erhält.)

7 Aus dem Teig sechs Kreise mit einem etwas größeren Durchmesser als die Tarteletten-Förmchen ausstechen und die Förmchen gleichmäßig damit auslegen. Nochmals kurz im Kühlschrank ruhen lassen, dann den an den Rändern überstehenden Teig glatt abschneiden. Mit Backpapier und getrockneten Erbsen oder Bohnen belegen und im vorgeheizten Backofen auf der mittleren Schiene etwa 10 Minuten blindbacken, bis der Teig knusprig und goldfarben ist. Herausnehmen, Backpapier und getrocknete Erbsen oder Bohnen entfernen und Tartelettenböden auf einem Kuchengitter abkühlen lassen.

Für den Yorkshire-Rhabarber:

8 Den Rhabarber waschen und putzen. Die Stangen in 4 Zentimeter lange Stücke schneiden. In einem Stieltopf mit etwas Wasser und Zucker sanft dünsten. Den Topf mit Frischhaltefolie abdecken. Durch die Resthitze gart der Rhabarber weiter, zerkocht aber nicht. Der Rhabarber sollte später unter der Creme noch eine schöne rosa Farbe haben (siehe Foto).

Fertigstellen der Crème-brûlée-Tarteletten:

9 Die weiße Schokolade in einem Wasserbad schmelzen lassen. Tartelettenböden vorsichtig damit bestreichen und die Schokoladenmasse fest werden lassen.

10 Sobald die Schokolade fest ist, jeweils einige Rhabarberstücke auf die Tartelettenböden geben. Die Crème brûlée vorsichtig mit einem Löffel auf dem Rhabarber verteilen, bis alle Tartelettenböden gleichmäßig mit der Creme gefüllt sind. Die Creme mit einem Palettenmesser glatt streichen, jeweils mit einer Schicht Rohrzucker vollständig bedecken und mit einem Flambierbrenner karamellisieren (eine gleichmäßige Zuckerschicht und gleichmäßiges Bewegen des Brenners sorgen für eine perfekte Karamellschicht). Sofort servieren.

Zubehör:
6 Tartelettenförmchen,
runder flacher Ausstecher,
Flambierbrenner

Buttermilch-Blutorangen-Pannacotta

Blutorangen haben von Dezember bis März Saison. Sie können auch jede andere Orangensorte für die Pannacotta verwenden, doch gerade die Blutorange verleiht diesem Dessert seine schöne Farbe.

1½ Blatt Gelatine
250 g Crème double
75 g feiner Rohzucker
1 Vanilleschote, aufgeschlitzt
250 ml Buttermilch
3 Blutorangen

Zubehör:
4 Joghurtgläser à 120 ml oder 4 ähnliche Gefäße

1 Die Gelatine in einer Schüssel in eiskaltem Wasser einweichen. Sie sollte vollständig mit Wasser bedeckt sein.

2 Crème double, Zucker und Vanilleschote in einem Stieltopf unter Rühren langsam erhitzen. Vom Herd nehmen. Die Vanilleschote entfernen. Die eingeweichte Gelatine ausdrücken und vorsichtig in die Creme rühren, bis sie sich vollständig aufgelöst hat.

3 Die Buttermilch in einen Messbecher gießen. Creme zur Buttermilch geben und alles vorsichtig miteinander verrühren. Bei Raumtemperatur beiseitestellen.

4 2 Blutorangen schälen und filetieren, restliche Blutorange auspressen. Je 4 Blutorangenstücke auf den Boden eines Glases legen. Die Buttermilch-Pannacotta in die Gläser füllen und für 2 Stunden kühl stellen.

5 Die Gläser auf kleine Teller oder Unterteller mit je einem kleinen Löffel setzen und etwas vom Blutorangensaft auf die Pannacotta geben. Gekühlt servieren.

SOMMER

Cocktail-Brioche mit Flusskrebs

Brioche-Teig können Sie für süßes Gebäck verwenden oder wie hier, gefüllt mit delikaten Flusskrebsen, für eine exquisite, außergewöhnliche sommerliche Gaumenfreude. Das Rezept ergibt mindestens 20 Brioches in Cocktailhäppchengröße.

Für den Brioche-Teig:
10 g frische Hefe
(oder 1½ Teelöffel Trockenhefe)
1 Teelöffel warmes Wasser zum Auflösen der Hefe, 250 g Mehl
2 Esslöffel feiner Rohzucker
1 Teelöffel Salz
3 Eier (aus Freilandhaltung)
120 g weiche Butter plus Butter für das Backblech

Zum Bestreichen:
2 Eigelb (aus Freilandhaltung) und 20 ml Milch, miteinander verquirlt

Für die Füllung:
4 Esslöffel Mayonnaise
2 Dessertlöffel Tomatenketchup (à ca. 5 ml)
1 Spritzer Tabasco
1 Teelöffel Worcestersauce
Saft von ½ Zitrone
40 küchenfertige Flusskrebsschwänze
1 Romanasalatherz, klein geschnitten
½ Bund Schnittlauch, gehackt

Zubehör:
Küchenmaschine oder Handrührgerät mit Knethaken

1 Hefe in warmem Wasser auflösen. Mehl, Zucker und Salz in eine Rührschüssel sieben. Aufgelöste Hefe und Eier hinzufügen. In einer Küchenmaschine oder mit einem Handrührgerät mit Knethaken verkneten. Die weiche Butter nach und nach hinzufügen und weiterkneten. Den Teig in der Schüssel mit einem feuchten, sauberen Tuch abdecken und an einem warmen Ort gehen lassen. Den Teig nach dem Aufgehen abschlagen und 1 Stunde im Kühlschrank ruhen lassen.

2 Sobald der Teig fest ist und sich gut verarbeiten lässt, in Portionen von je 10 bis 15 Gramm teilen (je nach Appetit und Anlass) und zu Kugeln formen. Die Kugeln auf ein gefettetes Backblech setzen und mit etwas Eigelb-Milch-Mischung bestreichen. Locker mit Frischhaltefolie abdecken und auf das doppelte Volumen aufgehen lassen.

3 Backofen auf 190 °C vorheizen.

4 Die Teigkugeln nochmals mit Eigelb-Milch-Mischung bestreichen und im Backofen auf der mittleren Schiene in etwa 12 Minuten goldbraun backen. Herausnehmen und auf einem Kuchengitter abkühlen lassen.

5 An der Oberseite der Brioches einen Deckel abschneiden. Die unteren Hälften mit einem kleinen, spitzen Messer aushöhlen (Inneres für Semmelbrösel aufbewahren, siehe Rezept auf Seite 89). Deckel wieder auf die ausgehöhlten Brioches setzen. Mayonnaise mit Ketchup, Tabasco, Worcestersauce und Zitronensaft zu einer Cocktailsauce verrühren. Die Flusskrebsschwänze in kleine Stücke schneiden. In einer Schüssel die Flusskrebsstücke mit dem Salat vermischen. Nach und nach gerade so viel Cocktailsauce darüberträufeln, dass sich die Mischung verbindet. Schnittlauchröllchen untermischen und das Ganze in die Brioches füllen. Die Deckel wieder aufsetzen und die Brioches servieren.

Gegrillte Sardinen mit Salsa verde

Kaufen Sie den Fisch so frisch wie nur möglich – dann wird dieses Gericht perfekt. Frische Sardinen erkennen Sie an klaren Augen, glänzender Haut und festem Fleisch.

4–8 küchenfertige Sardinen, je nach Größe des Fischs (und nach Appetit)
¼ Bund frischer Zitronenthymian
1 großer Zweig Rosmarin
100 ml natives Olivenöl extra
Saft und abgeriebene Schale von 1 unbehandelten Zitrone plus 1 unbehandelte Zitrone, in Spalten geschnitten, zum Garnieren
Meersalz, frisch gemahlener Pfeffer
1 Prise geräuchertes Paprikapulver
2 Knoblauchzehen, in feine Scheiben geschnitten (optional), Salsa verde

1 Sardinen mit Thymian und Rosmarin füllen und in eine tiefe Grillpfanne legen. Öl mit Zitronensaft und -schale, Salz, Pfeffer und Paprikapulver (und eventuell Knoblauch) vermengen und Mischung über die Sardinen geben. Mindestens 30 Minuten in der Marinade ziehen lassen, dabei wenden, damit die Sardinen gleichmäßig bedeckt sind. Backofengrill vorheizen.

2 Die Sardinen 3 bis 5 Minuten unter dem Backofengrill garen, vorsichtig wenden und weitere 3 bis 5 Minuten von der anderen Seite grillen. Sofort mit Salsa verde und Zitronenspalten servieren.

Salsa verde

1 Knoblauchzehe, grob gehackt
1 kleines Bund glatte Petersilie, von den Stängeln befreit
1 kleines Bund Basilikum
1 kleines Bund Minze, von den Stängeln befreit
2 gesalzene Sardellen (Anchovis)
2 Teelöffel Kapern, 1 Teelöffel Dijon-Senf
einige Tropfen Zitronensaft
2 Dessertlöffel Rotweinessig (à ca. 5 ml)
½ Teelöffel Zucker, 1 Prise Meersalz
frisch gemahlener Pfeffer
2 Esslöffel Olivenöl

1 Knoblauch zusammen mit den gewaschenen, trocken geschüttelten Kräutern fein hacken. Die Sardellen und die Kapern hinzufügen und alles so lange hacken, bis eine homogene Mischung entstanden ist. Senf, Zitronensaft, Rotweinessig, Zucker, Salz und Pfeffer zur Kräutermischung geben. Das Olivenöl nach und nach unterrühren, bis sich eine dickflüssige, glänzende Sauce gebildet hat. Alternativ kann die Sauce auch in einem Standmixer zubereitet werden, dabei jedoch darauf achten, dass die Zutaten nicht zu fein zerkleinert werden. Die Kräuter können ganz nach Geschmack und Saison gewählt werden.

Geräucherte Meerforellen-Päckchen

Dieses köstliche Gericht ist eine perfekte Vorspeise für zwei Personen. Sie können es auch mit einem leichten Salat, einigen Avocadoscheiben und etwas Vollkorn- oder Sodabrot servieren.

250 g geräucherte Meerforelle oder Räucherlachs in Scheiben
Saft und abgeriebene Schale von ½ unbehandelten Zitrone
1 Prise Cayennepfeffer
150 g Crème double
1 Teelöffel Schnittlauchröllchen
1 Teelöffel Sahnemeerrettich
100 g Crème fraîche
4 kleine Stängel Dill oder Petersilie

1 Die Meerforellen- oder Lachsscheiben in vier 10 x 8 Zentimeter große Rechtecke schneiden und auf ein Stück Backpapier setzen. Restlichen Fisch fein würfeln und mit Zitronensaft sowie Cayennepfeffer in einem Standmixer zu einer sehr feinen Paste pürieren (darauf achten, dass die Masse in der Maschine nicht zu heiß wird). 20 Minuten im Mixgefäß abkühlen lassen, die Masse mit einem Spatel vom Gefäßrand lösen und das Gefäß wieder in den Mixer setzen. Die Crème double nach und nach zugeben und portionsweise mit Pausen zwischen den Mixvorgängen mit der Pulse-Funktion einrühren. Die Mousse dabei nicht zu stark verarbeiten, sonst gerinnt sie oder wird körnig. Die abgeriebene Zitronenschale vorsichtig unterheben.

2 Je 1 gehäuften Esslöffel von der Mousse in die Mitte einer Forellen- oder Lachsscheibe setzen und die Seiten vorsichtig einschlagen, sodass gleichmäßig geformte Päckchen entstehen. Im Kühlschrank 20 bis 30 Minuten ruhen lassen.

3 Schnittlauchröllchen und Sahnemeerrettich mit der Crème fraîche mischen und glatt rühren.

4 Die Päckchen auf Tellern anrichten. Jeweils mit etwas Dill oder Petersilie und einem Klecks Meerrettichcreme garnieren.

Eier-Mayonnaise auf Toastspitzen

Ein verblüffend einfaches Rezept! Mit herrlich frischen Eiern und selbst gemachter sämiger Mayonnaise wird daraus eine echte Köstlichkeit für einen sommerlich warmen Nachmittag.

4 Eier (aus Freilandhaltung)
3 Esslöffel selbst gemachte Mayonnaise
1 Teelöffel scharfer Senf (optional)
Salz, frisch gemahlener Pfeffer
1 kleiner Bund frische Brunnenkresse, gewaschen und grob gezupft
4 Scheiben Vollkornbrot, dünn geschnitten

1 Die Eier etwa 6 Minuten in heißem Wasser kochen, aus dem Wasser nehmen und leicht abkühlen lassen. Die Eier schälen, grob zerkleinern und in eine Schüssel geben. Mayonnaise und eventuell Senf vorsichtig untermischen. Mit Salz und Pfeffer würzen und die Hälfte der Brunnenkresse unterheben.

2 Backofengrill vorheizen. Das Vollkornbrot unter dem Grill rösten. Anschließend jede Scheibe entrinden und mit einem Messer mit abgerundeter Spitze waagerecht in zwei Hälften schneiden. Die Hälften diagonal vierteln und mit den ungerösteten Seiten nach oben nochmals unter dem Grill rösten. Die Eier-Mayonnaise auf den Toastspitzen verteilen und mit der übrigen Brunnenkresse garnieren.

Selbst gemachte Mayonnaise

3 sehr frische Eigelb
(aus Freilandhaltung)
1 Esslöffel Dijon-Senf
2 Esslöffel Estragon-Essig
1 Teelöffel Salz
frisch gemahlener weißer Pfeffer
450 ml Erdnussöl

1 Eine Schüssel auf ein Geschirrtuch stellen, damit sie nicht verrutscht. Eigelbe mit Senf, Hälfte des Essigs, Salz sowie etwas Pfeffer schaumig schlagen. Wenn alles gut vermischt und heller ist, nach und nach unter ständigem Rühren das Öl in einem gleichmäßigen, dünnen Strahl hinzugießen (am besten aus einem Messbecher, noch besser ist es, wenn jemand dabei hilft). Stets nur so viel Öl hinzufügen, dass die Mischung sehr dickflüssig ist. Nicht zu schnell zu viel Öl hinzugeben, sonst gerinnt die Mayonnaise.

2 Sobald die Masse bindet, restlichen Essig hinzufügen, damit sie etwas flüssiger wird. Restliches Öl langsam in einem gleichmäßigen, dünnen Strahl unter ständigem Rühren einfließen lassen. Mit Salz und Pfeffer abschmecken. Die Mayonnaise hält sich im Kühlschrank bis zu 5 Tage.

Folgende Seite: Scones mit Erdbeermarmelade

Scones mit Erdbeermarmelade

Scones schmecken am besten backfrisch mit selbst gemachter Erdbeermarmelade und einem großen Klecks dicker Sahne. Ein echter Klassiker zum Tee.

250 g Mehl
plus Mehl zum Ausrollen und
für die Ausstechform
Salz
45 g feiner Rohzucker
3 Teelöffel Backpulver
50 g kalte Butter, gewürfelt
70 ml Buttermilch
1 Ei plus 1 Eigelb
(beides aus Freilandhaltung)
zum Bestreichen
selbst gemachte Erdbeer-
marmelade und Crème double

Zubehör:
runde Ausstechform
(5 cm Durchmesser)

1 Backofen auf 220 °C vorheizen.

2 Mehl, 1 Prise Salz, Zucker und Backpulver in eine große Rührschüssel sieben. Butter hinzugeben und alles mit den Fingerspitzen vorsichtig vermengen. Ist die Butter vollständig eingearbeitet, Buttermilch und Ei hinzufügen. Vorsichtig mischen, bis ein lockerer, leicht klebriger Teig entsteht.

3 Den Teig auf eine dünn bemehlte Arbeitsfläche legen. Mit einem leicht bemehlten Nudelholz 2 Zentimeter dick ausrollen. Dabei nicht zu fest drücken, damit sich der Teig noch leicht von der Arbeitsfläche lösen lässt.

4 Mit einer leicht bemehlten Ausstechform möglichst viele Scones aus dem Teig ausstechen. Die Scones in regelmäßigen Abständen auf ein mit Backpapier belegtes Blech setzen, dabei einmal umdrehen, damit sie beim Backen gleichmäßiger aufgehen. Eigelb mit 1 Prise Salz verquirlen, Scones damit bepinseln. Darauf achten, dass nur die Oberseiten und nicht die Seiten bestrichen werden.

5 Die Scones im vorgeheizten Backofen auf der mittleren Schiene in etwa 10 Minuten goldbraun backen. Herausnehmen und auf einem Kuchengitter abkühlen lassen.

Erdbeermarmelade

Marmelade einkochen macht viel Freude: Die herrlichen Aromen des Sommers lassen sich auf diese Weise in einem Glas einfangen und sind das ganze Jahr über zu genießen. Selbst gemachte Marmeladen halten sich, richtig zubereitet, bis zu zwölf Monate. Nach dem Öffnen im Kühlschrank aufbewahren.

675 g frische reife Erdbeeren
675 g Zucker
Saft von ½ Zitrone

Zubehör:
Zuckerthermometer, Einkochtopf, sterile Einmachgläser mit Deckel

1 Die Erdbeeren waschen, trocken tupfen, entstielen und gemeinsam mit dem Zucker in eine saubere Schüssel schichten. Abgedeckt mindestens 24 Stunden bei Raumtemperatur stehen lassen. Dadurch löst sich der Zucker auf und die Erdbeeren geben Saft ab.

2 Erdbeeren mitsamt Saft mit einem Spatel in einen Einkochtopf oder einen Topf mit flachem Boden füllen. Den Zitronensaft hinzufügen, alles aufkochen und etwa 5 Minuten köcheln lassen. Vom Herd nehmen und abgedeckt 48 Stunden bei Raumtemperatur ruhen lassen.

3 Den Topf wieder auf den Herd stellen und die Mischung wallend aufkochen lassen. 10 bis 15 Minuten kochen lassen, bis der Siedepunkt erreicht ist. Vom Herd nehmen, den Schaum mit einer Schaumkelle abschöpfen und die Marmelade leicht abkühlen lassen. Vorsichtig in sterile Einmachgläser füllen und mit den Deckeln sofort luftdicht verschließen. Nach dem Abkühlen die Gläser mit Datum und Inhalt beschriften.

So erkennen Sie den Siedepunkt:

Der korrekte Siedepunkt von 104 °C für die Marmelade lässt sich mit einem Zuckerthermometer ermitteln. Alternativ für die Gelierprobe einige Teelöffel der Marmelade auf einen gekühlten Unterteller geben. Abkühlen lassen und mit dem Finger über die Oberfläche streichen. Kräuselt sich die Marmelade, hat sie den richtigen Siedepunkt erreicht. Ist dies nicht der Fall, den Topf wieder auf den Herd stellen und die Marmelade nochmals etwa 5 Minuten kochen lassen und die Gelierprobe wiederholen.

Victoria Sponge Cake

Auch hier ist selbst gemachte Marmelade das i-Tüpfelchen. Dieser verführerische Kuchen wurde zu Ehren von Königin Viktoria benannt, die eine Naschkatze war.

Für den Teig:
150 g weiche Butter plus Butter für die Formen
150 g feiner Rohzucker
½ Teelöffel Vanillearoma
3 Eier (aus Freilandhaltung), verquirlt
145 g Mehl
5 g Backpulver
1 Prise Salz

Für die Vanille-Buttercreme:
150 g weiche Butter
220 g Puderzucker, gesiebt
ausgekratztes Mark von ⅓ Vanilleschote

selbst gemachte Erdbeermarmelade (siehe Seite 53)
Puderzucker zum Bestäuben

Zubehör:
2 runde Backformen (20 cm Durchmesser)

1 Backofen auf 180 °C vorheizen.

2 Die Backformen einfetten und die Böden mit Backpapier auslegen.

3 Butter, Zucker und Vanillearoma in einer Rührschüssel zu einer hellen, schaumigen Masse aufschlagen. Die verquirlten Eier langsam nach und nach zugeben, damit die Mischung nicht gerinnt. Mehl, Backpulver und Salz sieben. Mehlmischung zum Teig geben und gründlich untermengen.

4 Den Teig gleichmäßig auf beide Formen verteilen und glatt streichen, sodass zwei ebenmäßige Teigböden entstehen. Im Backofen auf der mittleren Schiene in etwa 20 Minuten goldbraun backen, oder so lange, bis an einem in den Kuchen gesteckten Holzstäbchen kein Teig mehr haften bleibt. Herausnehmen und in der Form kurz abkühlen lassen. Teigböden auf ein Kuchengitter stürzen.

Für die Vanille-Buttercreme:

5 Butter mit Puderzucker und Vanillemark aufschlagen, bis eine helle, schaumige Buttercreme entsteht, die von den winzigen Vanilleflöckchen durchzogen ist.

Fertigstellen des Victoria Sponge Cakes:

6 Sind die Teigböden vollständig abgekühlt, die Buttercreme gleichmäßig auf dem ersten Boden verstreichen. Eine dicke Schicht selbst gemachte Marmelade auf der Creme verteilen. Den zweiten Teigboden vorsichtig auf die Marmeladenschicht setzen und leicht andrücken. Den Kuchen dick mit Puderzucker bestäuben.

7 Mit einer Kanne Tee servieren!

Kirschen-Madeleines

Der französische Romancier Marcel Proust hat dieses Feingebäck berühmt gemacht. Auf Tellern angerichtete Madeleines haben etwas sehr Stilvolles. Besonders hübsch ist diese Variante mit Kirschen. Am besten schmecken sie, wenn sie noch leicht warm genossen werden.

90 g Butter plus weiche Butter für die Formen
35 g Mehl plus Mehl für die Formen
3 Eiweiß (aus Freilandhaltung)
90 g feiner Rohzucker
35 g gemahlene Mandeln
5 vollreife Kirschen

Zubehör:
Madeleineformen aus Silikon

1 Die Madeleineformen mit weicher Butter einfetten und mit Mehl ausstäuben. Auf ein schweres Backblech setzen.

2 Die Butter in einem Topf leicht erhitzen, bis sie eine haselnussbraune Farbe anzunehmen beginnt und einen nussigen Duft verströmt. Die »Beurre noisette«, wie die »Nussbutter« genannt wird, in eine Schüssel umfüllen, um den Kochprozess zu stoppen, und die Butter leicht abkühlen lassen.

3 In einer weiteren Schüssel Eiweiße, Zucker, Mehl und gemahlene Mandeln zu einer luftigen, schaumigen Masse verquirlen. Weiterrühren und die »Nussbutter« dabei langsam hinzufügen, bis ein geschmeidiger Teig entsteht. Im Kühlschrank 30 Minuten ruhen lassen.

4 Backofen auf 190 °C vorheizen.

5 Die Kirschen waschen, entsteinen und halbieren. Den Madeleineteig aus dem Kühlschrank nehmen und kurz umrühren. Madeleineformen fast bis zum Rand mit Teig füllen und auf jede Teigportion eine halbe Kirsche setzen. Nicht eindrücken, die Kirschen sinken beim Backen von selbst ein.

6 Im Backofen auf der mittleren Schiene in etwa 12 Minuten goldbraun backen. Aus dem Ofen nehmen und abkühlen lassen. Die Madeleines aus den Formen lösen und auf einem Kuchengitter abkühlen lassen.

Sommerbeeren-Tarteletten

Hier wird der süße Mürbeteig verwendet, den Sie bereits von den Crème-brûlée-Tarteletten auf Seite 36 kennen. Mit Walderdbeeren gefüllt, verbreiten die Tarteletten einen Hauch von Dekadenz, doch auch alle anderen Sommerbeeren eignen sich dafür bestens.

350 g süßer Mürbeteig (siehe Seite 36)
Butter für die Förmchen

Für die Konditorcreme:
170 ml Milch
1 Vanilleschote, aufgeschlitzt
1½ Eigelb (aus Freilandhaltung)
40 g feiner Rohzucker
9 g Speisestärke
8 g kalte Butter

100 g weiße Schokolade, geschmolzen
Sommerbeeren (z. B. Walderdbeeren, Rote Johannisbeeren, Himbeeren, Heidelbeeren), gewaschen und trocken getupft

Zubehör:
Tarteletten-Förmchen
(5 cm Durchmesser),
Spritzbeutel, runder flacher
Ausstecher (6 cm Durchmesser),
Blindbackkugeln aus Keramik

1 Teig auf einer leicht bemehlten Arbeitsfläche 2 Millimeter dick ausrollen. Auf einem Blech in den Kühlschrank stellen und 20 bis 30 Minuten ruhen lassen. Dadurch zieht sich der Teig beim Backen nicht zusammen.

2 Backofen auf 190 °C vorheizen.

3 Mit einem Ausstecher Teigkreise ausstechen und die gefetteten Mulden der Tarteletten-Förmchen damit auslegen. Nochmals 20 bis 30 Minuten kühl stellen. Dann überschüssigen Teig an den Rändern glatt abschneiden.

4 Die Tarteletten jeweils mit einem Stück Backpapier und Blindbackkugeln aus Keramik belegen. Im Backofen auf der mittleren Schiene etwa 15 Minuten blindbacken, bis die Tarteletten an den Rändern goldbraun sind. Backpapier und Blindbackkugeln entfernen und die Tarteletten weiterbacken, bis sie eine gleichmäßig helle, goldbraune Farbe annehmen. Herausnehmen und auf einem Kuchengitter abkühlen lassen.

5 Für die Konditorcreme die Milch mit der Vanilleschote aufkochen lassen. Vom Herd nehmen. Die Vanilleschote entfernen. Eigelbe und Zucker zu einer schaumigen Masse verquirlen. Zuerst die Speisestärke, dann die heiße Vanillemilch unter ständigem Rühren untermengen. Die Mischung wieder in den Topf geben und unter Rühren sanft köcheln lassen, bis sie zu einer Creme eingedickt ist. Weitere 3 Minuten bei geringer Hitze köcheln lassen, dann die Butter einrühren. Zum Abkühlen mit Frischhaltefolie abdecken, damit sich auf der Creme keine Haut bildet. Kühl stellen.

6 Die Tarteletten mit geschmolzener weißer Schokolade auspinseln und die Schokolade fest werden lassen. Die Tarteletten jeweils zu zwei Dritteln mit Konditorcreme füllen. Mit Sommerbeeren nach Wahl belegen.

HERBST

Wild-Pâté

Nach einem langen Nachmittagsspaziergang im Herbst braucht man etwas Handfestes zum Tee. Diese Pâté kann mit Wildresten aller Art zubereitet werden. Passen Sie dabei die Menge der anderen Zutaten einfach an das Gewicht des jeweils verwendeten Geflügels an.

1 Wildgeflügelbraten Ihrer Wahl vom Vortag (z. B. Rebhuhn, Moorhuhn oder Fasan)
1 Schuss Sherry
1 Teelöffel Johannisbeergelee
50 ml Geflügel- oder Wildfond
175–250 g Crème double
Salz und frisch gemahlener Pfeffer
100 g Butter

1 Geflügel enthäuten und Fleisch in Würfel schneiden. Zusammen mit Sherry, Johannisbeergelee und Fond in einem Standmixer glatt pürieren. Im Mixgefäß abkühlen lassen und nach und nach die Crème double unterrühren, bis die Masse eine streichfähige Konsistenz erhält. Mit Salz und Pfeffer abschmecken, in eine Servierschüssel füllen und abkühlen lassen.

2 Die Butter zerlassen und in einer dünnen Schicht über die Pâté geben. Nochmals abkühlen lassen. Gerösteten Toast dazu reichen.

Kleine Wildpasteten

Öl zum Braten und für die Form
500 g gemischtes Wildfleisch und -geflügel (z. B. Rebhuhn, Reh, Fasan), in 2 cm großen Würfeln, mit Salz und frisch gemahlenem Pfeffer eingerieben
100 g geräucherter Speck, in 0,5 cm dünne Streifen geschnitten
2 Karotten, geschält und in 0,5 cm große Würfel geschnitten
2 Stangen Sellerie, von den Fäden befreit und in 0,5 cm große Würfel geschnitten
1 Zwiebel, fein gehackt
150 g Champignons, geviertelt
2 Lorbeerblätter, ½ Bund Thymian
1 Teelöffel Tomatenmark
250 g Mehl plus Mehl für die Arbeitsfläche, 100 ml Rotwein
570 ml Geflügel- oder Wildfond
Salz, frisch gemahlener Pfeffer
500 g küchenfertiger Blätterteig
1 Eigelb (aus Freilandhaltung), verquirlt, zum Bestreichen

Zubehör:
Ausstecher mit gewelltem Rand, flache Backform mit 12 Mulden

1 Etwas Öl in einem Topf mit schwerem Boden erhitzen. Gewürfeltes Fleisch und Speckstreifen darin leicht anbräunen. Das Fleisch aus dem Topf nehmen und beiseitestellen. Gemüse, Zwiebel, Champignons und Kräuter in den Topf geben und anschwitzen. Tomatenmark und Mehl hinzufügen und das Ganze unter ständigem Rühren 2 bis 3 Minuten garen. Den Rotwein angießen und weiterköcheln lassen, bis sich die Flüssigkeit um zwei Drittel reduziert hat. Fleisch wieder hinzufügen, dann den Fond hinzugießen und alles aufkochen lassen. Schaum von der Oberfläche abschöpfen, die Hitze reduzieren, und alles etwa 30 Minuten simmern lassen. Mit Salz und Pfeffer abschmecken. Die Sauce sollte nun dick genug sein, um an der Rückseite eines Löffels haften zu bleiben.

2 Den Blätterteig auf einer bemehlten Arbeitsfläche 3 Millimeter dick ausrollen und daraus mit einem gewellten Ausstecher Kreise von 6 bis 7 Zentimetern Durchmesser ausstechen. Die mit Öl eingefetteten Mulden der Backform mit Teig auslegen und jeweils mit einem gehäuften Löffel Wildragout füllen. Die Ränder mit etwas Eigelb bestreichen und einen Teigkreis als Deckel daraufsetzen. An den Rändern festdrücken und 30 Minuten im Kühlschrank ruhen lassen. Backofen auf 180 °C vorheizen.

3 Die Backform aus dem Kühlschrank nehmen, die Pasteten nochmals mit Eigelb bestreichen und etwa 20 Minuten im Backofen backen.

Kleine Sausage Rolls

Ergibt 10 Stück

1 kleine Zwiebel, fein gehackt
2 Teelöffel Pflanzenöl
1 Bund Salbei, gehackt
260 g Wurstbrät
180 g küchenfertiger Butterblätterteig
2–3 Esslöffel Mehl für die Arbeitsfläche
1 Ei (aus Freilandhaltung), verquirlt, zum Bepinseln

1 Die gehackte Zwiebel im Öl etwa 5 Minuten anschwitzen, aber nicht anbräunen lassen. Den Salbei dazugeben und etwa 2 Minuten andünsten. Das Ganze vom Herd nehmen und abkühlen lassen. Mit dem Wurstbrät mischen und die Wurstmasse in einen Spritzbeutel mit kleiner Lochtülle füllen.

2 Den Blätterteig auf einer bemehlten Arbeitsfläche etwa 3 Millimeter dick zu einem schmalen Rechteck ausrollen. Den Teig auf eine saubere Oberfläche legen. Die Wurstmasse mit dem Spritzbeutel längs auf einer Hälfte des Blätterteigs verteilen, dabei einen Abstand von 1 Zentimeter zum Rand lassen. Die Ränder mit Eigelb bepinseln. Die andere Hälfte des Blätterteigs über die Wurstmasse klappen und die Ränder festdrücken. Den überstehenden Rand abschneiden, damit eine ordentliche Kante entsteht. Die Wurstrolle 45 Minuten im Kühlschrank ruhen lassen.

3 Backofen auf 200 °C vorheizen.

4 Die Wurstrolle in 4 Zentimeter lange Stücke schneiden. Auf ein Backblech setzen und etwa 10 Minuten backen bis sie goldbraun sind.

Gegenüberliegende Seite: Vol-au-vents mit Waldpilzen

Vol-au-vents mit Waldpilzen

Mit frischen Pfifferlingen schmeckt dieses Gericht besonders lecker, Sie können jedoch auch andere Waldpilze verwenden.

500 g Waldpilze (z. B. frische Pfifferlinge), geputzt
70 ml Olivenöl
150 g Schalotten, gehackt
1 Knoblauchzehe, zerdrückt
175 g Crème double
Salz, frisch gemahlener Pfeffer
½ Bund Estragon, gehackt
12 fertig gebackene Blätterteigpasteten

Die Pilze in 0,5 Zentimeter dicke Scheiben schneiden. Das Öl in einer großen Pfanne mittelstark erhitzen. Pilze, Schalotten und Knoblauch darin anschwitzen. Die Crème double hinzufügen und alles einkochen lassen, bis die Sauce so dick ist, dass sie an der Rückseite eines Löffels haften bleibt. Mit Salz und Pfeffer würzen, vom Herd nehmen und den Estragon dazugeben. Die Blätterteigpasteten mit dem heißen Pilzragout füllen und sofort servieren.

Kedgeree mit Schellfisch

Kedgeree lässt sich auf vielerlei Arten zubereiten. Manche mögen es lieber pikant mit Currygewürz, andere ziehen schlichtere Varianten vor, bei denen der natürliche Geschmack des geräucherten Schellfischs im Mittelpunkt steht.

Für 10 Personen

500 ml Milch
350 g Crème double
1 große Zwiebel, fein gehackt
2 Knoblauchzehen, fein gehackt
2 Lorbeerblätter
1,2 kg geräucherte Schellfischfilets
500 g Langkornreis
Salz
5 Eier (aus Freilandhaltung)
100 g Butter
2 Teelöffel mildes Currypulver (optional)
1 Teelöffel Kreuzkümmelpulver (optional)
350 g frische Pfifferlinge oder frische Champignons, geputzt
frisch gemahlener Pfeffer
1 Bund Petersilie oder Koriander (je nach Geschmack), gehackt

1 Milch und Crème double verrühren und zusammen mit der Hälfte der Zwiebel, der Hälfte des Knoblauchs und den Lorbeerblättern auf dem Herd leicht simmern lassen. Die geräucherten Schellfischfilets von Haut und Gräten befreien und in 10 Portionen à 90 Gramm schneiden (restliches Fischfleisch beiseitestellen).

2 Den Reis in kochendem Salzwasser bissfest garen, über einem Sieb abgießen, kalt abschrecken und beiseitestellen. Die Eier in etwa 5 Minuten wachsweich kochen, abschrecken, pellen, vierteln und bis zur weiteren Verwendung warm halten.

3 Restliche Zwiebel und Knoblauchzehe sanft in der Butter anschwitzen. Nach Belieben Curry und Kreuzkümmel hinzufügen und 2 bis 3 Minuten mitanschwitzen. Die Pilze zugeben. Gesamten Fisch (Portionsstücke und restliches Fischfleisch) vorsichtig zur Milchmischung geben und garen, bis sich der Fisch auf Fingerdruck fast fest anfühlt. Die Fischstücke herausnehmen und auf einem separaten Teller beiseitestellen.

4 Den gekochten Reis sorgfältig mit der Zwiebel-Pilz-Mischung vermengen. Die Milchmischung (mit den Fischresten) dazugeben und unterrühren. Das Kedgeree sollte eine sämige, risottoartige Konsistenz haben. Mit Salz und Pfeffer würzen. Die gehackten Kräuter untermischen.

5 Das Kedgeree mit einem Löffel behutsam in eine große, flache Servierschüssel füllen. Geviertelte Eier und Fischstücke darauf anrichten.

Herbstliche Obsttarte

Diese Tarte können Sie mit Quitten, Pflaumen, Birnen, Äpfeln oder Brombeeren belegen. Feste Früchte sollten Sie vor der Verwendung leicht dünsten. Der süße Mürbeteig von Seite 36 sorgt auch hier für ein hervorragendes Ergebnis.

125 g weiche Butter plus Butter für die Form
süßer Mürbeteig, ausgerollt
125 g feiner Rohzucker
abgeriebene Schale von 1 unbehandelten Zitrone
2 zimmerwarme Eier (aus Freilandhaltung)
1 Esslöffel (15 g) Mehl
110 g gemahlene Mandeln
75 g Pflaumenkonfitüre
Früchte der Saison, je nach Art leicht gedünstet und in Spalten geschnitten

Zubehör:
Springform aus Metall (20 cm Durchmesser)

1 Backofen auf 170 °C vorheizen.

2 Die Form einfetten und mit dem Mürbeteig auskleiden. Auf ein mit Backpapier belegtes Blech setzen. Bis zur Verwendung in den Kühlschrank stellen.

3 Die Butter gemeinsam mit Zucker und Zitronenabrieb in einer Rührschüssel hell und schaumig schlagen. Nach und nach die Eier hinzugeben. Mehl und gemahlene Mandeln unterrühren.

4 Die Form mit dem Teig aus dem Kühlschrank nehmen und den Teigboden mehrmals mit einer Gabel einstechen. Die Pflaumenkonfitüre auf dem Teigboden verteilen. Die Mandelcreme darübergeben und glatt streichen. Zum Schluss mit Früchten Ihrer Wahl belegen.

5 Die Tarte auf der mittleren Schiene in etwa 35 Minuten goldbraun backen. Aus dem Ofen nehmen und abkühlen lassen. Dann aus der Form lösen.

Karottenkuchen

Dieser dunkle, würzige und saftige Kuchen macht Lust auf mehr!

105 ml Sonnenblumenöl plus
Öl für die Form
2 Eier (aus Freilandhaltung)
105 g dunkelbrauner Rohrzucker
105 g weicher brauner Rohrzucker
150 g Vollkornweizenmehl
¼ Teelöffel Salz
½ Teelöffel Natron
½ Teelöffel frisch geriebene Muskatnuss
1 Teelöffel Zimtpulver
45 g Kokosraspel
180 g Karotten, geraspelt
35 g saure Sahne

Für die Buttercreme:
50 g Puderzucker
50 g weiche Butter
110 g Doppelrahmfrischkäse
Saft von ½ Zitrone

Zubehör:
Springform (18 cm Durchmesser)

1 Backofen auf 170 °C vorheizen.

2 Die Form mit Backpapier auskleiden und den Rand mit Öl einfetten. Auf ein schweres Backblech setzen und bis zur Verwendung beiseitestellen.

3 Eier, Zucker und Sonnenblumenöl in einer Schüssel gründlich verquirlen, bis die Zutaten vollständig vermischt sind. Mehl, Salz, Natron und Gewürze in eine weitere Schüssel sieben. Die Eimischung und die Kokosraspel hinzufügen. Das Ganze sorgfältig vermengen. Zum Schluss die geraspelten Karotten und die saure Sahne unterrühren.

4 Den Teig in die vorbereitete Form füllen. Auf der mittleren Schiene etwa 35 Minuten backen, bis der Kuchen auf Fingerdruck zurückfedert. Aus dem Ofen nehmen und auf einem Kuchengitter abkühlen lassen.

Für die Buttercreme:

5 Den Puderzucker in eine Schüssel sieben und die weiche Butter hinzufügen. Beides sorgfältig zu einer lockeren, luftigen Masse verschlagen. Frischkäse dazugeben und das Ganze unter ständigem Schlagen zu einer glatten Creme verarbeiten. Zitronensaft langsam unterrühren.

Fertigstellen des Karottenkuchens:

6 Ist der Karottenkuchen vollständig abgekühlt, aus der Form nehmen und auf eine Servierplatte oder einen Tortenständer setzen. Die Creme sorgsam und gleichmäßig mit einem Palettenmesser auf dem Kuchen verteilen.

Orangen-Kardamom-Shortbread

Durch den Kardamom erhalten diese köstlichen Shortbreads eine ungewöhnliche Zitrusnote, die wunderbar zum Aroma der Orangenschale passt.

240 g weiche Butter
135 g feiner Rohzucker plus feiner Rohzucker zum Bestreuen
abgeriebene Schale von 1 unbehandelten Orange
10 g Kardamom, gemahlen
330 g Mehl, gesiebt, plus Mehl für die Arbeitsfläche
30 g Reismehl, gesiebt

Zubehör:
Shortbread-Form (siehe Foto Inhaltsverzeichnis) oder einfache runde Plätzchenausstecher

1 Backofen auf 180 °C vorheizen.

2 Butter und Zucker in einer Schüssel hell und schaumig schlagen. Orangenabrieb und Kardamom unterrühren. Mehl und Reismehl vorsichtig unterheben. Teig kurz im Kühlschrank ruhen lassen. Dann auf leicht bemehlter Arbeitsfläche 0,5 Zentimeter dick ausrollen. Mit einem Ausstecher Shortbreads aus dem Teig ausstechen und behutsam auf einem mit Backpapier belegten Backblech verteilen.

3 Auf der mittleren Schiene etwa 8 Minuten backen. Die Shortbreads sollten beim Backen eine helle sandbraune Farbe annehmen, darauf achten, dass sie nicht dunkler werden. Herausnehmen und die Shortbreads zum Abkühlen auf ein Kuchengitter legen. Sofort mit feinem Rohzucker bestreuen.

Teebrot

Teebrot kann so genossen werden, wie es ist, mit Marmelade oder Frischkäse schmeckt es aber noch besser.

2 Beutel Earl-Grey-Tee
150 ml kochendes Wasser
120 g weicher brauner Zucker
250 g gemischte Trockenfrüchte
(z. B. Sultaninen, getrocknete
Aprikosen, Rosinen und Korinthen)
etwas Butter für die Form
180 g Mehl
1 Teelöffel Backpulver
1 Teelöffel Mixed-Spice-
Gewürzmischung (besteht aus
gemahlenem Koriander, Zimt,
Piment, Muskatnuss, Ingwer, Nelken)
1½ Eier (aus Freilandhaltung)
50 g Honig, erwärmt, für die Glasur

Zubehör:
Kastenform für 900 g Teig

1 Die Teebeutel in einer großen Schüssel mit kochendem Wasser übergießen und 10 Minuten ziehen lassen. Die Teebeutel entfernen und Zucker sowie Trockenfrüchte dazugeben. Die Früchte etwa 12 Stunden in der Teemischung einweichen lassen.

2 Backofen auf 170 °C vorheizen.

3 Eine Kastenform einfetten und vollständig mit Backpapier auskleiden. Auf ein schweres Backblech setzen und bis zur Verwendung beiseitestellen.

4 Alle trockenen Zutaten in einer Schüssel vermischen. Eier und eingeweichte Früchte mitsamt der Flüssigkeit dazugeben. Das Ganze gründlich vermengen. Den Teig in die vorbereitete Form füllen und in etwa 30 Minuten goldbraun backen. Kurz vor Ende der Backzeit den Kuchen aus dem Ofen nehmen und rundum großzügig mit warmem Honig bestreichen. Wieder in den Ofen schieben und weitere 10 Minuten backen, bis der Kuchen goldbraun ist und glänzt. Abkühlen lassen und aus der Form lösen.

Quittengelee

Beim Kochen nehmen Quitten eine appetitliche dunkelrosa Färbung an.

1,5 kg Quitten
ca. 1 kg Kristallzucker
Saft von 1 Zitrone
etwas Pflanzenöl für die Gläser

1 Quitten waschen und sorgfältig trocken reiben. Pelzigen Flaum vollständig entfernen. Quitten in gleich große Stücke schneiden (Kerngehäuse nicht entfernen, da das darin reichlich enthaltene Pektin das Gelieren fördert). In einen großen Edelstahltopf geben und knapp mit etwa 1½ Liter Wasser bedecken. Aufkochen und 2½ bis 3 Stunden simmern lassen, bis das Fruchtfleisch weich und dunkelrosa ist. Eventuell mehr Wasser hinzugeben, damit die Quittenstücke von Wasser bedeckt sind, jedoch nicht zu viel auf einmal, damit die Mischung nicht zu flüssig wird.

2 Sind die Quitten sehr weich, Mischung mit einem Schöpflöffel durch ein feines Sieb drücken, um Kerne und andere Rückstände zu entfernen (das ist mühsam, zahlt sich am Ende aber aus). Püree abwiegen: Pro 500 Gramm Püree benötigt man 500 Gramm Zucker. Püree und Zucker in einen großen Edelstahltopf geben und langsam bei geringer Hitze erwärmen. Dabei rühren, bis sich der Zucker vollständig aufgelöst hat. Temperatur leicht erhöhen und weiter umrühren. Das Püree dickt dabei allmählich ein und wird sehr heiß. (Achtung: Die Masse kann aus dem Topf herausspritzen!) Masse etwa 30 Minuten weiterkochen lassen, bis beim Rühren mit dem Kochlöffel eine deutlich sichtbare Linie auf dem Topfboden zurückbleibt.

3 Sterilisierte Gläser einölen und mit heißem Gelee füllen. Abkühlen lassen und verschlossen im Kühlschrank lagern. Das Gelee schmeckt köstlich zu Käse, geräuchertem Fleisch oder auf getoasteten Crumpets (siehe Seite 86).

WINTER

Crumpets

Crumpets sind eine Klasse für sich. Sie wecken bei so vielen Menschen besondere Erinnerungen. Etwa, wie man sie als Kind an verregneten Nachmittagen am Kamin toastete oder wie die daraufgestrichene Butter in dem luftigen Gebilde versickerte. Es lohnt sich allemal, sie selber zu machen.

175 g Mehl (Type 550)
175 g Mehl (Type 405)
2 Päckchen Trockenhefe (à 7 g)
1 Teelöffel feiner Rohzucker
350 ml warme Milch
½ Teelöffel Natron
1 Teelöffel Salz
150–200 ml warmes Wasser
etwas Sonnenblumenöl für Metallringe und Pfanne

Zubehör:
4 Crumpet-Ringe aus Metall oder Dessertringe

1 Die Mehle in eine Schüssel geben. Die Hefe untermischen. Den Zucker in der warmen Milch auflösen und hinzufügen. Das Ganze mit einem Holzlöffel zu einem glatten Teig verarbeiten. Das dauert 3 bis 4 Minuten und ist anstrengend, jedoch nötig, damit sich beim Ausbacken die typischen Luftbläschen bilden. Abdecken und mindestens 20 Minuten bis 1 Stunde ruhen lassen. Der Teig geht dabei auf und fällt wieder in sich zusammen.

2 Natron und Salz mit dem warmen Wasser verrühren und zwei Drittel davon unter den Teig rühren. Nach und nach die restliche Flüssigkeit einrühren, bis eine cremige Konsistenz erreicht ist. Abdecken und 20 Minuten ruhen lassen.

3 Eine Pfanne mit schwerem Boden erhitzen. Die Metallringe und die Pfanne leicht einfetten. Die Ringe bei mittlerer Hitze auf den Pfannenboden setzen. Je zwei Dessertlöffel Teig in die Ringe füllen. Nach 4 bis 5 Minuten sollten sich kleine Luftblasen bilden und der Teig sollte an der Oberfläche gestockt sein. Die Ringe mit den Crumpets vorsichtig wenden und die andere Seite etwa 3 Minuten ausbacken.

4 Sofort servieren oder abkühlen lassen und später toasten. Mit viel Butter genießen.

Schottische Wachteleier

Beim Panieren der Schottischen Eier mit Mehl, Ei und Semmelbröseln gilt: nicht zu viele auf einmal! Und eine helfende Hand kann auch nicht schaden.

12 rohe Wachteleier
200 g Blutwurst (von bester Qualität)
150 g Schweinehackfleisch
1 Esslöffel gehackte frische Kräuter (z. B. Petersilie oder Schnittlauch)
1 Teelöffel englisches Senfpulver
30 g frisch geriebenes Weißbrot oder Semmelbrösel
Salz
frisch gemahlener Pfeffer

Für die Panade:
75 g Mehl, mit Salz und frisch gemahlenem Pfeffer gewürzt
1 Ei (aus Freilandhaltung)
etwas Milch
100 g frisch geriebenes Weißbrot oder Semmelbrösel
300–450 ml Pflanzenöl (je nach Pfannengröße) zum Frittieren

1 Die Wachteleier in kochendem Wasser je nach gewünschter Härte 1½ bis 2 Minuten garen. Abschrecken, pellen und beiseitestellen.

2 Blutwurst, Hackfleisch, Kräuter, Senfpulver und Semmelbrösel in einer Schüssel vermischen. Die Masse zu 12 gleich großen Kugeln formen. Die Kugeln jeweils dünn ausrollen, je ein Wachtelei darauflegen und vollständig mit der Masse umhüllen. 30 Minuten im Kühlschrank ruhen lassen.

3 Für die Panade gewürztes Mehl in eine Schüssel geben. Ei und Milch in einer weiteren Schüssel miteinander verquirlen und die Semmelbrösel in eine dritte Schüssel geben. Sobald die Schottischen Eier fest geworden sind, im Mehl wälzen, dann in die Eimischung tauchen und danach vorsichtig in den Semmelbröseln wenden.

4 Das Öl in einer schweren Pfanne auf etwa 165 °C erhitzen: Behutsam drei bis vier Schottische Eier in die Pfanne geben. Sobald sie eine leicht goldbraune Farbe angenommen haben, herausnehmen und auf Küchenpapier abtropfen lassen. Auf diese Weise alle Eier ausbacken. Mit Salz und Pfeffer würzen und servieren. Dazu passt Senf, Mayonnaise oder Ketchup.

Folgende Seite: Traditioneller Schinken

Traditioneller Schinken

1 ganzer roher Schinken mit oder ohne Knochen (von bester Qualität)
2 unbehandelte Orangen, halbiert
12 Gewürznelken
2–3 Lorbeerblätter
2 Pimentkörner
1 Teelöffel schwarze Pfefferkörner

Für die Panade:
etwas Senf (z. B. Dijon-Senf oder englischer Senf)
Cornflakes, fein zerbröselt

Für die Cider-Honig-Glasur
2 Dessertlöffel englischer Senf oder anderer scharfer Senf (à ca. 5 ml)
100 ml trockener Apfelwein (Cider)
3 Dessertlöffel Honig (à ca. 5 ml)
Demerara-Zucker oder brauner Rohrohrzucker
2 Äpfel, geviertelt

Zubehör:
ein großer Topf oder eine große Kasserolle

1 Den Schinken in den Topf geben, mit Wasser bedecken und alle übrigen Zutaten dazugeben. Bei geringer Hitze zum Köcheln bringen, dabei Schaum und Schwebeteile stetig abschöpfen. Die Hitze reduzieren und alles 2½ bis 3 Stunden simmern lassen, bis die Kerntemperatur des Schinkens 75 °C beträgt. Den Schinken aus der Kochflüssigkeit nehmen und abkühlen lassen. Von überschüssigem Fett und Häuten befreien.

2 Für die weitere Zubereitung gibt es verschiedene Möglichkeiten. Der Schinken, der auf der vorhergehenden Seite abgebildet ist, hat einen feinen Mantel aus zerbröselten, mit Senf gewürzten Cornflakes. Der Schinken lässt sich jedoch auch, wie im Folgenden beschrieben, mit einer Glasur aus Cider und Honig im Ofen backen.

3 Backofen auf 200 °C vorheizen. Zum Glasieren die Schwarte des abgekühlten Schinkens einritzen und großzügig mit einer Mischung aus Senf, Apfelwein und Honig bestreichen. Mit reichlich Zucker bestreuen.

4 Den Schinken mitsamt den Apfelvierteln vorsichtig in Alufolie wickeln und im Ofen 45 bis 60 Minuten, je nach Größe des Schinkens, garen. Dabei alle 15 bis 20 Minuten die Folie öffnen und den Schmorsaft über den Schinken gießen. Die letzten 20 Minuten Folie öffnen und Schinken unbedeckt lassen, damit er eine schöne glänzend braune Glasur erhält.

Piccalilli

Dieses traditionelle eingemachte Senfgemüse wurde in England erstmals im 18. Jahrhundert serviert. Das Rezept reicht für gut 1 Liter oder für 2 große Einmachgläser.

1,2 kg gemischtes Gemüse (z. B. Blumenkohl, kleine Maiskölbchen, Silberzwiebeln, Karotten, Gewürzgurken, Kohlrabi oder sonstige Rübensorten, Zucchini)
2 Esslöffel Salz
50 g Mehl
1 Esslöffel Kurkumapulver
30 g Senfpulver
½ Teelöffel frisch gemahlener weißer Pfeffer
½ Teelöffel Ingwerpulver
1 Teelöffel frisch geriebene Muskatnuss
450 ml Apfelessig

1 Das Gemüse waschen, putzen oder schälen und in mundgerechte Stücke schneiden. In eine große Schüssel geben und mit dem Salz vermischen. Abgedeckt über Nacht ziehen lassen.

2 Das Gemüse in kochendem Wasser portionsweise etwa 2 Minuten blanchieren. Nicht zu weich kochen, das Gemüse sollte noch bissfest sein. Über einem Sieb abtropfen lassen und kalt abschrecken.

3 Mehl und Gewürze in eine kleine Schüssel geben und mit etwas Essig zu einer glatten Paste verrühren. Die Paste und den restlichen Essig in einem großen Edelstahltopf zum Köcheln bringen. Ständig rühren, damit sich keine Klümpchen bilden. Die Hitze reduzieren und 10 bis 15 Minuten simmern lassen. Das Gemüse dazugeben und gut umrühren, damit alles vollständig mit Essigmischung überzogen ist. Mit einem Schöpflöffel in warme, sterilisierte Gläser mit säurebeständigen Deckeln füllen. Bis obenhin auffüllen, damit keine Luft in den Gläsern ist.

4 Die Gläser luftdicht verschließen und mit Datum und Inhalt beschriften. An einem kühlen, dunklen Ort 10 Tage ruhen lassen, damit sich das Aroma entwickeln kann. Zu Schinken, Pastete oder Rillette reichen.

Clementinen-Macarons

Macarons zum Tee haben eine lange Geschichte, die sich bis ins mittelalterliche Venedig zurückverfolgen lässt. Erst im frühen 20. Jahrhundert kam es jedoch in Paris in Mode, je zwei Macaron-Schalen mit aromatisierter Creme dazwischen aufeinanderzulegen.

Für die Clementinencreme:
Saft und abgeriebene Schale von
2 unbehandelten Clementinen
70 g feiner Rohrzucker
3 Eier und 1 Eigelb
(aus Freilandhaltung)
70 g kalte Butter, gewürfelt

Für die Macaron-Schalen:
4 Eiweiß (aus Freilandhaltung)
200 g Puderzucker, gesiebt
200 g gemahlene Mandeln
200 g feiner Rohrzucker
orangerote Lebensmittelfarbe

Zubehör:
runder Ausstecher
(3 cm Durchmesser), Bleistift,
digitales Küchenthermometer,
Spritzbeutel mit runder
Tülle (1 cm Durchmesser)

Für die Clementinencreme:

1 Clementinensaft und -abrieb, Zucker, Eier und Eigelb in eine hitzebeständige Schüssel geben. Die Schüssel über ein schwach simmerndes Wasserbad setzen. Dabei darauf achten, dass kein Wasser in die Schüssel gerät. Ständig rühren, bis die Mischung leicht zu simmern beginnt.

2 Die Schüssel mit der Clementinencreme aus dem Wasserbad nehmen und nach und nach die kalten Butterwürfel dazugeben. Rühren, bis die Butter vollständig zerlassen ist. Die Mischung durch ein feines Sieb geben. Mit Frischhaltefolie abdecken, damit sich keine Haut auf der Creme bildet, bis zur weiteren Verwendung abkühlen lassen und in den Kühlschrank stellen.

Für die Macaron-Schalen:

3 Ein großes Blech mit Backpapier belegen. Um den Ausstecher mit einem Bleistift auf dem Papier Kreise zeichnen. Dabei zwischen den Kreisen ausreichend Platz zum Aufspritzen der Macaron-Masse lassen.

4 2 Eiweiße, den gesiebten Puderzucker und die gemahlenen Mandeln in einer Schüssel zu einer dicken Paste verschlagen.

Fortsetzung auf Seite 96

Clementinen-Macarons *Fortsetzung*

5 Die restlichen Eiweiße mit dem Zucker über einem warmen Wasserbad verquirlen, bis die Masse eine Temperatur von 65 °C erreicht hat. Dabei darf kein Wasser in die Schüssel mit der Creme gelangen. Die Schüssel aus dem Wasserbad nehmen und die Masse mit der Hand oder mit einem Handrührgerät weiter verquirlen. Wenn die Eiweißmischung steif und baiserartig geworden und wieder auf Raumtemperatur abgekühlt ist, mit dem nächsten Schritt fortfahren.

6 Die Lebensmittelfarbe vorsichtig Tropfen für Tropfen unter die Baisermasse heben, bis sie die gewünschte Farbe hat. Die Baisermasse nach und nach zur Mandelmasse geben und unterheben. Die Macaron-Masse sollte eine glänzende, dickflüssige Konsistenz haben. Backofen auf 150 °C vorheizen.

7 Das Backblech bereitstellen. Die Macaron-Masse in einen Spritzbeutel mit runder Tülle füllen und innerhalb der vorgezeichneten Kreise auf das Backpapier spritzen. 30 Minuten ruhen lassen, bis die Macaron-Masse eine Haut gebildet hat. Die Macarons 20 bis 25 Minuten backen (je nach Ofenmodell).

Fertigstellen der Clementinen-Macarons:

8 Die Hälfte der Macaron-Schalen mit der Oberseite nach unten drehen. Einen sauberen Spritzbeutel mit einer runden Tülle mit der Clementinen-Creme füllen. Jeweils gleichmäßig auf die umgedrehten Macaron-Schalen spritzen und die restlichen Macaron-Schalen vorsichtig daraufsetzen.

9 Sofort genießen.

Gâteau Opéra

Schichten aus mit Kaffesirup getränktem Biskuit, Schokoladen-Ganache und Kaffee-Buttercreme – diese Torte ist ein wahrer Blickfang. Seien Sie gewarnt, schon ein kleines Stück davon hat es in sich. Je präziser Sie die Operntorte schichten, desto schöner ist das Resultat.

Für den Mandelbiskuit:
60 g Puderzucker
60 g gemahlene Mandeln
25 g Mehl
2 Eier (aus Freilandhaltung) und
175 g Eiweiß (etwa 6 Eiweiß)
(aus Freilandhaltung)
20 g Butter, zerlassen
40 g feiner Rohzucker

Für die Schokoladen-Ganache:
350 g dunkle Schokolade
(54 % Kakaoanteil), gehackt
350 g Sahne

Für die Mokka-Buttercreme:
3 Eier (aus Freilandhaltung)
6½ Esslöffel Wasser
325 g feiner Rohzucker
500 g weiche Butter, gewürfelt
Kaffee-Extrakt oder
Mokka-Sirup zum Aromatisieren

Für den Kaffee-Sirup:
150 ml Kaffee oder
Espresso, frisch gebrüht
75 ml Wasser, 75 g feiner Rohzucker

Fortsetzung auf Seite 99

1 Backofen auf 200 °C vorheizen.

Für den Mandelbiskuit:

2 Zwei Backbleche mit Backpapier belegen. Puderzucker, gemahlene Mandeln, Mehl und Eier in einer Schüssel etwa 10 Minuten verschlagen, bis die Masse luftig und schaumig ist. Zerlassene Butter gleichmäßig unterrühren.

3 Eiweiße und Zucker mit dem Handrührgerät steif schlagen, bis der Eischnee Spitzen zieht, und unter die Eier-Mehl-Mischung heben. Teig auf die Backbleche verteilen und zu Rechtecken verstreichen. Etwa 8 Minuten backen, bis der Biskuit goldbraun ist und auf Druck zurückfedert. Auf saubere Tücher stürzen und abkühlen lassen. Backpapier entfernen.

Für die Schokoladen-Ganache:

4 Die gehackte Schokolade in eine Rührschüssel geben. Die Sahne aufkochen lassen, sofort zur Schokolade gießen und alles verrühren, bis eine glatte Masse entsteht. Mit Frischhaltefolie abdecken und beiseitestellen.

Für die Mokka-Buttercreme:

5 Eier in die Rührschüssel einer Küchenmaschine mit Rührbesen geben. Wasser und Zucker in einem Stieltopf bis 120 °C aufkochen lassen. Hat die Zuckerlösung die gewünschte Temperatur erreicht, Eier verquirlen und Zuckerlösung langsam und vorsichtig dazugeben. Weiterrühren, bis die Mischung erkaltet ist. Die weiche Butter hinzufügen. Ist sie vollständig eingerührt, mit Kaffee-Extrakt oder Mokka-Sirup aromatisieren.

Gâteau Opéra *Fortsetzung*

Zubehör:
2 Backbleche (39 x 24 cm),
Zuckerthermometer, Palettenmesser,
Backrahmen (25 x 8 cm),
Lineal, Blattgold

Für den Kaffee-Sirup:

6 Kaffee oder Espresso mit Wasser und Zucker vermischen und abkühlen lassen.

Fertigstellen der Gâteau Opéra:

7 Den Mandelbiskuit in 6 Streifen in der Größe des Backrahmens zuschneiden (ist kein Backrahmen vorhanden, den Biskuit in 6 gleich große Rechtecke schneiden). Ein Blech mit Backpapier belegen und den Backrahmen daraufsetzen. Einen Biskuitstreifen in den Backrahmen legen und großzügig mit Kaffee-Sirup tränken.

8 Eine dünne Schicht Schokoladen-Ganache auf den Biskuitstreifen aufbringen und einen weiteren Streifen darauflegen. Dabei darauf achten, dass der Streifen eben und fest auf der Ganacheschicht aufliegt. Oberen Streifen wieder mit Sirup tränken und eine Schicht Mokka-Buttercreme darauf verteilen. Sie sollte genauso dick sein wie die Ganache-Schicht. Diesen Vorgang wiederholen, dabei die Ganache-Schichten und die Buttercreme-Schichten abwechselnd auftragen, bis nur noch ein Biskuitstreifen und etwas Ganache übrig ist. Den letzten Streifen nur noch mit Kaffee-Sirup tränken (Schichtung siehe Foto).

9 Für mindestens 1 Stunde in den Kühlschrank stellen.

10 Torte mit einem angewärmten, trockenen Messer vom Backrahmen lösen und auf ein sauberes Schneidebrett setzen. Restliche Ganache in der Mikrowelle erwärmen, bis sie eine dickflüssige Konsistenz hat. Die warme Ganache mit einem Palettenmesser möglichst dünn und gleichmäßig auf der Oberseite der Torte verstreichen. Im Kühlschrank fest werden lassen.

Anrichten und Servieren:

11 Kanten der Torte mit einem angewärmten, trockenen Messer begradigen. Größe der Portionsstücke mithilfe eines Lineals abmessen und markieren. Torte an den Markierungen mit einem angewärmten, trockenen Messer in Stücke schneiden. Die Tortenstücke auf dem Foto haben eine Größe von 2,5 x 6 Zentimetern. Sie können sie aber auch größer schneiden. Zum Schluss auf eine Servierplatte setzen und mit Blattgold verzieren.

Wintergebäck: Brandy Snaps

100 g weiche Butter
100 g Puderzucker, gesiebt
100 g Mehl, gesiebt
100 g Glukosesirup
(in der Konditorei erhältlich)
etwas Pflanzenöl zum
Einfetten des Holzlöffels

1 Butter, Puderzucker, Mehl und Sirup in einer Schüssel kräftig verrühren, bis sich alle Zutaten gut vermischt haben und ein glatter, klebriger Teig entstanden ist. In einem Kunststoffbehälter in den Kühlschrank stellen, bis der Teig fest genug zur weiteren Verarbeitung ist.

2 Backofen auf 200 °C vorheizen.

3 Den Teig in Portionen mit je 10 Gramm teilen, zu Kugeln formen und auf einem mit Backpapier belegten Backblech flach drücken. Dabei viel Abstand zwischen den Teigstücken lassen, da sie beim Backen zerfließen (eventuell mehrere Bleche nacheinander backen). Auf der mittleren Schiene in etwa 8 Minuten goldbraun backen. Den Stiel eines Holzkochlöffels leicht mit Pflanzenöl einfetten.

4 Das Backblech aus dem Ofen nehmen. Die warmen, nicht mehr heißen Brandy Snaps jeweils mit einem Palettenmesser aufnehmen und vorsichtig um den Holzstiel wickeln. Leicht abkühlen lassen und vorsichtig vom Holzstiel gleiten lassen. Sie sollten nun die Form von Zigarren haben. Mit den restlichen Snaps ebenso verfahren.

5 Die Snaps vollständig abkühlen lassen. In einem luftdichten Gefäß an einem kühlen Ort aufbewahren oder in eine Keksdose legen, bis der Tee fertig ist.

Sablés à la Confiture

Diese knusprigen, süßen Plätzchen ähneln deutschen Spitzbuben.

200 g weiche Butter
100 g feiner Rohzucker
1 Eigelb (aus Freilandhaltung)
250 g Mehl plus
Mehl für die Arbeitsfläche
150 g Himbeermarmelade ohne Kerne
Puderzucker zum Bestäuben

Zubehör:
runde Ausstecher (3 cm und 5 cm Durchmesser),
kleines Puderzuckersieb,
Einmal-Spritzbeutel

1 Butter und Zucker in eine Schüssel geben. Mit einem Löffel hell und schaumig schlagen. Langsam das Eigelb unter Rühren dazugeben, dann das Mehl untermengen. Den Teig in Frischhaltefolie einwickeln und im Kühlschrank fest werden lassen. Wenn der Teig schön fest ist, auf einer bemehlten Arbeitsfläche 3 bis 4 Millimeter dünn ausrollen. Auf ein mit Backpapier belegtes Blech legen und erneut 30 Minuten kühl stellen. (Dieser Teig hat eine klebrige Konsistenz, für seine Verarbeitung benötigt man Geduld und eine kühle Arbeitsumgebung.)

2 Backofen auf 160 °C vorheizen.

3 Je Plätzchen benötigt man einen Boden und einen Deckel. Mit einem Ausstecher (5 cm Durchmesser) möglichst viele Kreise ausstechen und vorsichtig auf ein mit Backpapier belegtes Blech verteilen. Die Plätzchen zerfließen beim Backen kaum, sodass man sie recht eng nebeneinandersetzen kann. Kurz im Kühlschrank ruhen lassen. Mit einem kleineren Ausstecher (3 cm Durchmesser) von der Hälfte der Kreise je einen kleinen Kreis aus der Mitte ausstechen und entfernen. Dies werden die Oberseiten der Plätzchen, die Löcher sollten daher so mittig wie möglich sein. Plätzchen auf der mittleren Schiene in etwa 12 Minuten sandbraun backen. Auf einem Kuchengitter abkühlen lassen.

Fertigstellen der Sablés à la Confiture:

4 Marmelade in einen Einmal-Spritzbeutel füllen und die Spitze abschneiden, damit die Marmelade gut herausfließen kann. Marmelade auf die Unterseiten der Plätzchen aufspritzen, dabei einen etwa 0,5 Zentimeter breiten Rand lassen. Dann auf die Mitte jeweils noch einen Klecks Marmelade spritzen. Die Oberseiten der Plätzchen mit Puderzucker bestäuben und vorsichtig auf die Unterseiten setzen.

Schokoladen-Mandel-Biscotti

Biscotti sind harte, trockene Kekse, die sich hervorragend dazu eignen, sie in heiße Getränke zu tunken. »Biscotti« bedeutet im Italienischen so viel wie doppelt gebacken.

40 g weiche Butter
abgeriebene Schale von
1 unbehandelten Orange
370 g feiner Rohzucker
3 Eigelb und 3 Eier
(aus Freilandhaltung)
520 g Mehl
2 Teelöffel Backpulver
160 g blanchierte Mandeln
160 g Zartbitter-Schokotröpfchen

1 Butter, Orangenabrieb und Zucker in einer Schüssel mit einem Löffel hell und schaumig schlagen. Langsam die Eigelbe und Eier untermischen, gesiebtes Mehl und Backpulver untermengen. Zum Schluss die Mandeln und Schokotröpfchen unter die Masse rühren. Den Teig in Frischhaltefolie wickeln und 30 Minuten im Kühlschrank ruhen lassen.

2 Backofen auf 170 °C vorheizen.

3 Den Teig mit der Hand zu Rollen von je 3 Zentimetern Durchmesser und der Länge eines Backblechs formen. Auf ein mit Backpapier belegtes Blech legen, dabei ausreichend Abstand lassen, damit sich die Teigrollen im Ofen ausdehnen können.

4 Auf der mittleren Schiene in etwa 12 Minuten goldbraun backen. Aus dem Ofen nehmen und leicht abkühlen lassen. Die Rollen diagonal in etwa 1 Zentimeter breite Scheiben schneiden. Weitere 5 Minuten backen, bis die Biscotti auf Fingerdruck nicht mehr nachgeben und hart sind.

Folgende Seite: Eine Teetafel zur Weihnachtszeit mit Kuchen und Mince Pies

Weihnachtlicher Früchtekuchen

Diesen Kuchen sollten Sie mindestens einen Monat, bevor Sie ihn servieren möchten, zubereiten.

175 g Sultaninen
175 g Korinthen
50 g Zitronat
50 g Orangeat
75 g Rosinen
120 g kandierte Kirschen, gehackt
Saft und abgeriebene Schale von 1 unbehandelten Zitrone
Saft und abgeriebene Schale von 1 unbehandelten Orange
60 ml Brandy zum Einweichen plus 30 ml Brandy zum Tränken
115 g weiche Butter plus Butter für die Form
90 g dunkelbrauner Rohrzucker
2 Eier (aus Freilandhaltung)
90 g Mehl
25 g gemahlene Mandeln
½ Teelöffel Mixed-Spice-Gewürzmischung
1 Prise Salz, 600 g Marzipan
150 g Aprikosenmarmelade
600 g weißer Rollfondant (Online-Handel)
Puderzucker zum Ausrollen

Zubehör:
Kuchenform (15 cm Durchmesser, 7,5 cm tief), Tortenglätter (Online-Handel)

1 Einen Tag vor dem Backen Trockenfrüchte, Zitronen- und Orangensaft und -abrieb sowie 60 Milliliter Brandy in einer großen Schüssel vermischen und über Nacht durchziehen lassen.

2 Backofen auf 140 °C vorheizen.

3 Eine Kuchenform einfetten und Boden sowie Rand gleichmäßig mit Backpapier auskleiden. Die Form auf ein schweres Backblech setzen.

4 Butter und Zucker schaumig schlagen. Langsam und vorsichtig zuerst die Eier, dann Mehl, Mandeln, Gewürzmischung und Salz untermischen. Zum Schluss die eingeweichten Früchte untermengen. Den Teig in die Form füllen und glatt streichen. Ein Stück doppelt gefaltetes Backpapier außen um die Kuchenform wickeln und mit einer Schnur befestigen. Diese zusätzliche Backpapierschicht sorgt dafür, dass der Kuchen beim Backen am Rand nicht zu braun wird. Ebenso lässt sich eine zu schnelle Bräunung der Kuchenoberfläche verhindern, indem man ein Backblech in die Schiene über dem Kuchen setzt.

5 Den Kuchen auf der untersten Schiene 2 bis 3 Stunden backen. Stäbchenprobe machen: Dazu den Kuchen mit einem Holzstäbchen einstechen und Stäbchen wieder herausziehen. Bleibt kein Teig daran haften, ist der Kuchen fertig gebacken. Herausnehmen und abkühlen lassen. Kuchen mit restlichem Brandy tränken, Backpapier entfernen und den Kuchen aus der Form lösen. Vor der weiteren Verarbeitung muss der Kuchen vollständig abgekühlt sein.

Für den Marzipan- und den Fondantüberzug:

6 Den Kuchen auf ein Stück Backpapier setzen. So lässt er sich drehen, ohne ihn berühren zu müssen.

7 Um einen glatten Überzug zu erhalten, müssen Vertiefungen, die z. B. beim Backen durch abgesunkene Fruchtstückchen entstanden sind, mit kleinen Marzipankügelchen ausgeglichen werden. Der Kuchen sollte oben und an den Seiten so glatt und eben wie möglich sein.

8 Die Aprikosenmarmelade in einem kleinen Topf unter ständigem Rühren leicht zum Köcheln bringen. Vorsicht, die heiße Marmelade kann Blasen werfen und spritzen. Die Marmelade mit einem Backpinsel in einer dünnen Schicht auf den Kuchen auftragen. Dadurch lässt sich die Marzipandecke besser fixieren.

9 Marzipan auf einer sauberen Arbeitsfläche etwa 0,5 Zentimeter dick ausrollen. Die Marzipandecke sollte ausreichend groß sein, um damit den Kuchen vollständig zu überziehen. Die Marzipandecke mithilfe eines Nudelholzes über den Kuchen legen und mit einem Tortenglätter auf der Kuchenoberseite andrücken. Auf dieselbe Weise an den Seiten andrücken und glätten. Überschüssiges Marzipan am unteren Kuchenrand vorsichtig mit einem scharfen Messer glatt abschneiden. Abschließend den gesamten Marzipanüberzug nochmals mit dem Tortenglätter glätten. Dabei darauf achten, den Überzug nicht mit den Fingern zu berühren, um keine Abdrücke zu hinterlassen.

Fortsetzung auf Seite 109

Weihnachtlicher Früchtekuchen *Fortsetzung*

10 Den Marzipanüberzug am besten über Nacht bei Raumtemperatur ruhen lassen. Dies erleichtert das Eindecken mit Fondant am nächsten Tag.

11 Zunächst die Marzipandecke dünn mit Wasser einstreichen. Dadurch haftet der Fondant besser am Marzipan. Dabei nicht mit zu viel Wasser arbeiten, sonst kann der Fondantüberzug verrutschen oder sogar herunterrutschen!

12 Eine Arbeitsfläche mit Puderzucker bestäuben und den Fondant darauf ausrollen. Den Kuchen vollständig damit überziehen. Auch hier darauf achten, keine Fingerabdrücke zu hinterlassen. Den Kuchen in einen verschließbaren Tortenbehälter setzen und an einem dunklen, kühlen Ort 1 Monat ruhen lassen. Anschließend auf einen Tortenständer setzen und weihnachtlich dekorieren.

Festliche Mince Pies

Für die Füllung:
160 g Sultaninen
100 g Rosinen
100 g Korinthen
50 g Zitronat
50 g Orangeat
½ Teelöffel frisch geriebene Muskatnuss
½ Teelöffel Zimtpulver
½ Teelöffel Nelkenpulver
Saft und abgeriebene Schale von 1 unbehandelten Zitrone
Saft und abgeriebene Schale von 1 unbehandelten Orange
120 g Rindernierenfett oder Butterschmalz
2 Esslöffel Brandy
1 Esslöffel Portwein
1 Esslöffel Rum
1 Esslöffel Sherry
160 g Äpfel (z. B. Renette oder Boskop), fein geraspelt

500 g süßer Mürbeteig (siehe Rezept auf Seite 36)

Butter für die Form
Eigelb, verquirlt
Kristallzucker zum Bestreuen
Puderzucker zum Bestäuben

Zubehör:
Whoopie-Pie-Backform mit 12 Mulden, passend große Ausstecher

1 Alle trockenen Zutaten in einer großen Rührschüssel vermischen. Restliche Zutaten und die geraspelten Äpfel hinzufügen. Die Mischung in ein 1-Liter-Einmachglas füllen und mindestens 1 Woche im Kühlschrank oder in einer kühlen Vorratskammer durchziehen lassen.

2 Backofen auf 190 °C vorheizen.

3 Den Mürbeteig zu einem 2 bis 3 Millimeter dicken Rechteck ausrollen, auf ein mit Backpapier belegtes Blech legen und kurz im Kühlschrank ruhen lassen. Mit einem gewellten oder glatten Ausstecher aus dem Teig Böden und Deckel für die Mince Pies ausstechen. Die Teigböden in die gefetteten Backformmulden setzen und mit einer Gabel oder einem spitzen Messer einstechen, damit sie beim Backen nicht zu stark aufgehen.

4 Je 1 Teelöffel Füllung auf die Teigböden geben und die Ränder mit etwas Eigelb bestreichen, damit die Deckel darauf haften bleiben. Die Mince Pies weitere 30 Minuten im Kühlschrank ruhen lassen. Je einen Teigdeckel auf die gefüllten Teigböden setzen, wieder mit etwas Eigelb bestreichen und ein kleines Loch in den Deckel stechen, damit beim Backen der Dampf entweichen kann. Mit Kristallzucker bestreuen.

5 Die Backform auf einem Backblech auf der mittleren Schiene in den Ofen schieben und die Pies etwa 15 Minuten backen, bis der Teig goldgelb ist und die Füllung leicht zu köcheln beginnt. Herausnehmen und etwas abkühlen lassen. Die Pies aus der Form lösen.

6 Die Mince Pies mit Puderzucker bestäuben und sofort servieren. Für einen festlicheren Eindruck können die Deckel der Pies auch mit einem Ausstecher in Sternform ausgestochen werden.

Bûche de Noël

Der Weihnachtsbaumstamm ist eine Bereicherung für jede Teetafel und passt wunderbar zu einer Weihnachtsfeier.

Für den Schoko-Meringue-Teig:
3 Eier (aus Freilandhaltung), getrennt
50 g feiner Rohzucker
20 g Kakaopulver, gesiebt
Butter für das Backblech

Für die Pistazien-Crème-brûlée:
500 g Crème double
15 g Pistazienpaste (erhältlich in Bäckereibedarfs- oder Orientläden)
4 Eigelb und 1 Ei (aus Freilandhaltung)
100 g feiner Rohzucker

Für die Schokoladen-Mousse:
250 g Sahne
4½ Eigelb (aus Freilandhaltung)
45 g extrafeiner Rohzucker
100 ml Vollmilch
250 g dunkle Schokolade (65 % Kakaoanteil), geraspelt
25 g weiche Butter

Für die Schokoladen-Ganache:
350 g Sahne, 350 g dunkle Schokolade (54 % Kakaoanteil), in Stücke gebrochen

120 g Griottines (in Brandy oder Kirschwasser eingelegte Sauerkirschen)

Für den Schoko-Meringue-Teig:

1 Backofen auf 170 °C vorheizen.

2 Die Eiweiße schlagen und dabei nach und nach den Zucker hinzufügen, bis eine baiserartige Masse entstanden ist. Eigelbe und Kakaopulver untermischen. Ein Backblech (39 x 24 Zentimeter) einfetten und mit Backpapier belegen. Die Baisermasse gleichmäßig darauf verteilen.

3 Etwa 8 Minuten backen, bis der Teig auf Fingerdruck zurückfedert (die Backzeit variiert je nach Backofen). Den Meringue-Teig auf ein Stück Backpapier legen und abkühlen lassen. Aus dem Teig ein Rechteck von 25 x 7 Zentimetern Größe zuschneiden.

Für die Pistazien-Crème-brûlée:

4 Backofen auf 130 °C vorheizen.

5 Crème double und Pistazienpaste in einem Stieltopf verrühren und zum Sieden bringen. Eigelbe, Ei und Zucker aufschlagen. Die heiße Crème double unter Rühren langsam hinzufügen. Die Masse durch ein Sieb in die rechteckige Silikonbackform streichen. In ein Wasserbad setzen und auf der mittleren Schiene des vorgeheizten Backofens stocken lassen.

6 Die Creme aus dem Ofen nehmen, vollständig abkühlen lassen und in den Kühlschrank stellen. Sobald sie fest ist, aus der Silikonform nehmen.

Fortsetzung auf Seite 116

Bûche de Noël *Fortsetzung*

Zubehör:
Backblech (39 x 24 cm), rechteckige Silikon-Backform (ca. 26 x 3 cm), Bûche-de-Noël-Form oder Rehrücken-Backform, feines Sieb oder Musselintuch

Für die Schokoladen-Mousse:

7 Die Sahne halbsteif schlagen. Eigelbe und Zucker aufschlagen. Die Milch aufkochen lassen und zur Eigelbmischung gießen. Alles zurück in den Topf geben und leise köcheln lassen, bis die Creme einzudicken beginnt. Sofort vom Herd nehmen und durch ein feines Sieb oder ein Musselintuch in eine Schüssel zur Schokolade streichen. Rühren, bis die Schokolade vollständig geschmolzen und mit der Creme vermischt ist. Leicht abkühlen lassen und behutsam unter die geschlagene Sahne heben.

Für die Schokoladen-Ganache:

8 Die Sahne zum Kochen bringen, zur Schokolade geben und die Mischung glatt rühren.

Fertigstellen der Bûche de Noël:

9 Sauerkirschen in einem Sieb abtropfen lassen. Bûche-de-Noël-Form oder Rehrückenform mit Frischhaltefolie ausschlagen. Die Form knapp zur Hälfte mithilfe eines Spritzbeutels mit Schokoladenmousse füllen. Leicht auf die Form klopfen, um Luftbläschen zu entfernen. Die Kirschen darauf verteilen und die Crème-brûlée-Schicht vorsichtig daraufgeben. Die restliche Mousse mit dem Spritzbeutel bis knapp unter den Rand der Form füllen und die Oberfläche mit einem Palettenmesser glätten. Den rechteckigen Meringue-Boden oben auf die Mousse legen und wieder leicht auf die Form klopfen. In den Kühlschrank stellen, bis die Bûche fest ist und aus der Form genommen werden kann.

10 Die Bûche aus der Form lösen, auf ein Kuchengitter setzen und die Schokoladen-Ganache darüber verteilen. Dabei darauf achten, dass die Schokoladen-Mousse vollständig und ohne Löcher bedeckt ist. Kurz ruhen lassen. Auf eine Servierplatte setzen und nach Belieben dekorieren.

MASSE UND GEWICHTE

OFENTEMPERATUREN

°C	Gas-Stufe (Europa)	Gas-Stufe (GB)
110		¼
130		½
140	1	1
150		2
160	2	
170		3
180	3	4
190		5
200	4	6
220	5	7
230		8
240	6	9
260	7	
280	8	

AMERIKANISCHE MASSE UND GEWICHTE UMRECHNUNGSTABELLE

	Gramm	Unzen	Cup/US
Mehl/Kakao	25 g	1 oz	¼ cup
	50 g	2 oz	½ cup
	75 g	3 oz	¾ cup
	100 g	4 oz	1 cup
	120 g	4½ oz	1 cup
Butter/Zucker	25 g	1 oz	2 EL
	50 g	2 oz	¼ cup
	100 g	4 oz	½ cup
	175 g	6 oz	¾ cup
	225 g	8 oz	1 cup
gerieb. Käse	100 g	4 oz	1 cup

Sofern nicht anders angegeben, werden Eier der Gewichtsklasse L (groß) verwendet.

DANKSAGUNG

Wir danken Ihrer Majestät der Königin für die Erlaubnis, dieses Buch realisieren zu dürfen.

Bei der Erstellung des Buches wurde uns unschätzbar wertvolle Hilfe geleistet durch das gesamte Küchenteam, insbesondere Mark Fromont, Giuliano Vilardo, Tim Doncaster, Victoria Scupham und James Bointon. Ebenso danken wir Stephen Murray, dem Vorsteher der Silber- und Gold-Pantry, sowie Stephen Marshall, dem Vorsteher der Porzellan- und Glas-Pantry.

Ferner danken wir Peter Whorton, Darryl Newman, Philip Rhodes und allen weiteren Bediensteten am Hof sowie Richard Thompson und David Rough samt Team.

Danke auch an Colonel Duncan Dewar, Superintendent von Windsor Castle, an Lorraine Dale, Rachel Gordon und an alle Mitarbeiter von Windsor Castle, im Besonderen an Admiral Sir James Perowne, Constable und Governor von Windsor Castle.

Schließlich danken wir Cynthia Inions und Lisa Linder für ihre hervorragenden Fotos, Lucy Gowans für das Layout, Nina Chang für das Testen und Überarbeiten der Rezepte sowie dem Publikationsteam von Royal Collection Publications Jacky Colliss Harvey, David Tibbs und Debbie Wayment.

Mehr über die Königliche Sammlung erfahren Sie
unter www.royalcollection.org.uk

Die Originalausgabe erschien 2017 unter dem
Titel *Royal Teas* bei
Royal Collection Trust
York House, St James's Palace
London SW1A 1BQ

Royal Collection Trust / © Her Majesty Queen
Elizabeth II 2018

Fotografie: Lisa Linder
Food-Styling: Cynthia Inions
Layout: Lucy Gowans
Produktionsmanagement: Debbie Wayment
Typeset in Berthold Baskerville und Revista
Gedruckt auf Gardmat 150 GSM
Farbproduktion: Zebra

Aus dem Englischen von Konstance
Papakonstantinou

Deutsche Ausgabe Copyright © 2018 Gerstenberg
Verlag, Hildesheim
Alle deutschen Rechte vorbehalten
Satz: twinbooks, München
Printed and bound in Slovenia by Gorenjski tisk

ISBN 978-3-8369-2144-2

www.gerstenberg-verlag.de